町口哲生
Tetsuo Machiguchi

教養としての10年代アニメ

ポプラ新書
117

カバー装画　井上智徳
カバーデザイン　福村理恵（株式会社スラッシュ）

「この講義を受講する者は、深夜枠を中心に週に二〇本以上『アニメ』を視聴しておくこと。

この程度なら、ポップカルチャーを『生き方』の指針としている君たち、つまり中二病、残念、ぼっち、ゲーム廃人、魔法少女やアイドル好きにとってたいしたことはありません（きっぱり）。

寝る時間？

四時間位で大丈夫だよ」

——近畿大学　筆者講義の一幕

はじめに

教養をめぐって

教養とは何だろう。

何やら高尚な概念のような気がしないだろうか。昔気質《オールドファッション》な大学の先生が眉間にしわ寄せて語っているような……。

実際、狭い意味での教養は、ラテン語のArtes Liberales（アルテス・リベラレス）に由来する。古代ギリシア・ローマ時代には七学科、すなわち文法・論理学・修辞学の三科、天文学・算術・幾何学・音楽の四科が一般教養とされた。これらを学ぶことによって、言語と自然を知ることができると考えたわけである（英訳すればLiberal Arts、リベラル・アーツ）。

他方、広辞苑によると、教養とは「①教え育てること、②単なる学殖・多識とは異なり、一定の文化理想を体得し、それに準じてあらゆる個人的精神能力の統一的創造的発達を身につけていること。従って教養の内容はその時代や民族の文化理念の変遷に応じて異なる」とある。

①は英語でいうCultivation、すなわち植物に水を遣るように養い育てること、②は多分に執筆者の見解が入っているような気もするが、自己を修める（学問をとおして自らの行いを正す）ことあるいは活学する（学びを実践して行動に移す）ことと考えれば理解しやすいと思う。重要な点は②の後半で「教養の内容はその時代や民族の文化理念の変遷に応じて異なる」としているところだろう。つまり古代ギリシア・ローマ時代には七学科を学ぶことが教養の内容だったが、それから下ること幾年月、二〇一〇年代後半、彼の地から遠く離れた極東では、日本人独自の歴史の歩みとともに文化理念が大きく変容したのだから、自ずと教養の内容が変わるわけである。

この教養はドイツ語でいえばBildungにあたる。もともと主体的な活動によって神の似姿にするという含意があるが、これは簡単にいえば、英語でいうFormation、すなわち形成という意味なので、自己を形作るもの、人間的な成長を促すものである。この意味でBildungは人文的な教養といえるわけで、カント、ヘルダー、フンボルト……哲学や文学を専攻している人にはなじみ深い単語であるといえる。

また教養は英語のCulture（文化）に当たる日本語でもある。そう考えるとより理解しやすくなるのではないか。つまり、アカデミックな制度としての学問だけが教養ではなく、文化研究が射程にいれるような、文学・音楽・映画・テレビ、加えてマンガやアニメなどの文化一般につうじること。これも今日の教養と考えることができる。

以上、教養に関するラテン語・日本語・ドイツ語・英語の意味を簡単に示した。本書で私が示す「教養」とは「学問でありかつ、一〇年代後半に生きている現代日本人の文化理念に基づき、それによって養い育てられ、かつ自己を修めることが可能な文化」といった意味で捉えてもらいたい。この「教養」の定義に基づき一〇年代アニメを取り上げ論じていこうと思う。要するにアニメはそれ自体が教養（文化）であり、同時に教養（学問）で分析するに足るものというのが、私の基本姿勢である。

インフォテインメントとしてのアニメ

ではアニメとは何だろう。

私は日本の商業アニメーション、すなわちアニメは単なる娯楽ではなく、英語でいうインフォテインメント（Infotainment）＝情報娯楽であると考えている。これは聞き慣れない単語かもしれないが、情報（Information）と娯楽（Entertainment）の合成語で、情報を得ることが楽しみとなるような番組、アメリカの場合、一般的にクイズ番組、トーク番組やドキュメンタリードラマ（Docudrama、日本でいえば『プロジェクトX』のような番組）を指している。これを転用すればアニメをインフォテインメント、つまり情報娯楽と呼ぶことができるのではないか。というのも、アニメを単に娯楽と呼ぶにはあまりにも多くの情報が付加されているので、それを解読することが楽しみの一つでもあるからだ。

したがって私はアニメを情報と娯楽の二側面から分析できると考える。つまり①情報の部分は教養（学問）で分析し、②娯楽の部分は、視聴者が作品をどのように受容したかを研究する。②はたとえばイギリスの社会学者デヴィッド・モーリーの『ネイションワイド・オーディエンス』（未邦訳）のような、オーディエンス・スタディーズ（メディア・スタディーズの一種で、受け手がどのように番組を解釈したかを分析）のアプローチが想定できる。だが本書では手に余るし、私自身、今のところ興味が湧かない（ブログやTwitterでの解釈を比較・検討するアプローチは興味深いが）。

そう考えると、本書におけるアニメの分析は、①情報（≒文化）をいかに教養（学問）によって解析していくか、そのノウハウを示すこととなる（②は受け手の解釈を分析する以外に、コスプレや同人誌、ニコニコ動画におけるN次創作の分析がある。こちらは別書で論じる予定）。

　しかしこのスタンスに対する批判的な意見として、たとえば「アニメは娯楽なので論じるまでもなく、ただそれが好きな人が消費すればいい。だってコミュニケーションのネタだから……」というものが想定される。これはもっともな意見だ。一七年にテレビ放映されている、たとえば『亜人《デミ》ちゃんは語りたい』や『ガブリールドロップアウト』をみたら分かるように、難解な設定抜きにテンポよく話が進み、笑いのツボを押さえたコメディも数多くあるからだ。

　実際、多くの視聴者はアニメを消費することで、笑ったり泣いたり、興味深いシーンがあればスマホで写メしてメッセージを付加する。Twitterに感想を投下し「いいね」のハートマークをつけ合う。またネタとして優れていたら（逆の場合もある）リツイートトで共有される（炎上する）。こうしたネタ的な消費の結果、いくつもの「クラスター」（Cluster、集団・群れ）が形成され、そこにある種の共同体（スワイプ共同体またはフリック入力共同体）が作られるのである。これはソーシャル・ネットワーク時代における私たちの日常生活（Everyday Life）的なリアリズムといってもいい。

また現在アニメは週八〇本位放映されており、いちいち解析していたら消費しきれないだろう。朝早くからバスや電車に乗って学校や会社へ行かないといけないのに評論なんて読む暇はない、という意見も多いのではと想像している。しかしアニメは消費以上の存在として、今や教養の一つになっているというのも現実ではなかろうか。

本書は近畿大学の講義をもとに、オタクはむろんのこと、オタクではないが、現代の教養としてアニメを学問的に読み解きたいという方に向けて執筆している。ゆえに『教養としての10年代アニメ』というタイトルなのだ。もちろんコアなオタクにも十分配慮して読むに足るのだけど、アニメは別にオタクだけのものではなく、一般の学生やビジネスの中核にいる方、さらにいえばアニメにまったく関心を抱かない大学教員の方にも興味をもってアプローチするに足る情報娯楽というのが、本書の基本的スタンスである。

ジャンル批評とは

本編に入る前に「批評」について少し説明しておこう。アニメを分析する方法の一つが、一九世紀末からはじまったジャンル批評（Genre Criticism）である。

これは文学理論の一つで作品をさまざまなジャンル（たとえばロマン主義文学、自然主義文学、ミステリなど）に分けて批評することだが、米の文芸批評家フレドリック・ジェイムソンによると、ジャンル批評には、①意味論的傾向と、②統語論的あるいは構造的傾向があるという。①は「個々のテクストの背後にある一般化された実存的経験のようなもの」を再構築することで「ジャンルの本質や意味」を記述しようとすること。②は作品のもつ「メカニズムと構造を分析して、その法則と限界を確定すること」である。少々難解ないい回しだと思うのでさらにかみ砕いていうと、①は作品の背後にある精神、世界観、感性、ヴィジョンなどの意味を捉えて批評する傾向。それに対する②はジャンルのメカニズムと構造を分析する傾向のことだ。

アニメの場合、マンガやライトノベル原作の事例が多いこと、それゆえ登場人物のセリフという音声言語記号が付加されることから、概ねこの文学のジャンル批評を用いることが多い。その際の傾向として、①の意味論よりも、②の「メカニズムと構造」に着目する場合が多く、それはそれで有意義だと思う。

たとえばゼロ年代（二〇〇〇年から〇九年）の批評家の場合、セカイ系や空気系（日常系）といったジャンル分けでアニメ批評が行われた。いまや懐かしい議論であるが、簡潔に整理しよう。

まずセカイ系は〇二年、ウェブサイト「ぷるにえブックマーク」の管理人ぷるにえが提唱したもので、「エヴァっぽい作品」（エヴァ＝『新世紀エヴァンゲリオン』の略）。その特徴は「たかだか語り手自身の了見を『世界』という誇大な言葉で表したがる傾向」があるとした。つまり一九九六年に放映された『新世紀エヴァンゲリオン』第二五話と第二六話のような「自意識過剰で一人語りが激しい作品」（一人語りとは主人公・碇《いかり》シンジのモノローグ）のことを指した。セカイ系とは『新世紀エヴァンゲリオン』を揶揄《やゆ》する意味があったわけだ。

ところがカタカナ表記でキャッチーなためか、〇三年以降、文芸評論で、東浩紀《あずまひろき》、斎藤環《たまき》、笠井潔らによって取り上げられはじめた結果、しだいに定義が変容し、「きみとぼくという小さな関係性が、世界の危機やこの世の終わりといった抽象的大問題に直結する作品群」を意味するようになった。要するにメカニズムとして「きみとぼく⇕社会⇕世界《セカイ》」という三段階のうち、「社会」（たとえば家族や地域社会）を飛ばして「きみとぼく」と「世界《セカイ》」のあり方が直結してしまうような作品を指すようになった。

代表作として、京都アニメーション制作の『涼宮ハルヒの憂鬱』をはじめ、新海誠の『ほしのこえ』、高橋しんの『最終兵器彼女』、秋山瑞人《みずひと》の『イリヤの空、UFOの夏』などがあげられた。もちろん文学史と同じように各作品の差異にも留意すべきであり、前島賢《まえじまさとし》らの優れた評論もある。

他方、空気系（日常系）は日常生活を延々と描いた作品のことで、〇二年にアニメ化された『あずまんが大王』が源流である。こちらは構造的に以下の特徴がある。

1. 四コママンガ原作が多い。この原作は「萌え四コマ」と呼称。
2. 物語性の排除。短いエピソードを連続して描く。
3. 本格的な恋愛の排除、葛藤の不在、複数の美少女キャラの配置など。美少女には性の匂いを消したキャラが多く、百合《ゆり》（フェム＝女役の女性）的といえどもピュア。
4. 部活ものが多い。

セカイ系と構造を比較すると、「きみとぼく」に代わる「わたしたち」（皮膚感覚でお互いに感じ取れる距離）をベースとして、［わたしたち⇕社会⇕世界《セカイ》］という三段階のうち、中景の「社会」も遠景の「世界《セカイ》」も無関係に、ただ近景の少女同士の繋がり（ネットワーク）を描いた百合的な作品ともいえるが、ゼロ年代後半からセカイ系に代わる人気ジャンルとして定着していった。

代表作として、京都アニメーション制作の『らき☆すた』や『けいおん！』をはじめ、『ひだまりスケッチ』『みなみけ』『あっちこっち』『ゆるゆり』『ゆゆ式』などがある（なお忘れてならない作品として『キルミーベイベー』と、『らき☆すた』のスピンオフ『宮河家の空腹』がある。両作品とも空気系とはいえども、前者は女子高生と殺し屋とのコメディ、後者は近年話題の貧困家庭が題材である）。

ジャンル批評のアポリア

このようなジャンル批評は、基本的にジェイムソンがいう②「メカニズムと構造を分析して、その法則と限界を確定する」行為であり一定の評価を与えていいだろう。

とはいえジャンル批評を歴史化し、そこに含まれるイデオロギーを読解し、アニメのジャンルの弁証法的効用（ヘーゲル弁証法の意味。私たちの認識は、命題・反対命題・総合という段階をへて発展する。アニメのジャンル批評でいえば、セカイ系という命題に対して空気系という反対命題が出されたときに、お互いの否定すべきところは否定し、保有すべきところは保有し、両方の欠点を克服したより高次な新たな総合に至るという効用なのだが、現実にはそうはならなかった）についての探究を進めるといった方向には必ずしもいかなかった。それはなぜかといえば、①アニメ評論では（ジェイムソンの言を借りると）「現象学であれ記号論であれ、すべてを普遍化しようとする研究方法はいずれも、否定的なるもの、欠如、矛盾、抑圧、《言われざるもの》、《思考されざるもの》などを除外するために、戦略的にその方法の視野（パースペクティブ）に枠をはめ、それによって、みずからの矛盾を隠し、歴史性を抑圧してしま」ったこと。要するにジャンル規定からはみだすものの探究に向かわなかった（ジャンルの内側でしか考えなかった）ということ。②インフォテインメントの観点からいえば、日本の商業アニメーション、すなわちアニメは娯楽の部分が強度であり、オタクの場合、「萌え」として受容・消費する傾向があり、情報の部分、つまりこのジャンル批評の場合は「メカニズムと構造」に関心が向けられなかったためであろう。

この二つの方向はアニメ批評に必然的に生じるアポリア（Aporia、難題）であり、米の人類学者グレゴリー・ベイトソンがいうダブルバインド（Double bind、二重拘束）に陥っているといっていい。つまり最初のメッセージ（セカイ系や空気系）が発信されたとき、レベルを異にするメッセージ（萌え）が繰り返されると、どのような意味を読み取っていいかの混乱が生じ、精神を病む状態、すなわちオタクのジレンマに陥いることになる。

このように考えると、ジャンル批評はアニメを分析する方法としていまだ留保がつく代物といえそうだ。

ホーリズムとしての一〇年代アニメ批評

この意味で、文化社会学者の中西新太郎の批判が腑に落ちる。

中西によると、セカイ系や空気系（日常系）の用語には政治性や社会性が欠如しており、若者たちの心性や行動の特質がそのままスライドして使用されている。その結果、若者の社会的無力の欠陥として固定化するように機能している。そこで中西は個人的なこと（不平等問題）は政治的なこと（キャロル・ハニッシュの言葉）ならぬ、身近なこと（趣味）は政治的（社会的）なことという理念でライトノベルを読み解いた。

　たとえば大樹連司《おおきれんじ》（前島賢）の『勇者と探偵のゲーム』。この作品には自衛隊・日本国憲法第九条・ベーシックインカムなど現代日本社会の話題が散種《さんしゅ》される。またセカイ系の文脈で語られた『イリヤの空、UFOの夏』にしても、環境管理型権力のアーキテクチャ（設計概念）が背後にあり、不可視のミクロ粒子的な力が働いているとみる。これをセカイ系ならざるシャカイ系と称することに意味を見いだせないが、ジャンル規定からはみだすものに配慮した批評だと思う。

　しかしながら日本の近代文学史を教える際、写実主義からはじまって、ロマン主義、自然主義、耽美主義、新現実主義、プロレタリア文学、新感覚派、あるいは幻想文学、ミステリ、SF文学など、ジャンルを念頭に置かないと語れないのと同じように、本書で一〇年代アニメを論じる場合も、オタクのジレンマ（還元主義）に陥ることなく、またジャンルを用いつつもそれにとらわれすぎることのないように、ホリスティック（Holistic、全体的）な観点から、DJポリスのごとく交通整理をする必要がある。

　つまり現時点での一〇年代アニメの全体像から個々の作品を捉えること、位置づける（ときに直す）ことは、現代数学でいう位相空間論的には正しい研究態度ともいえる。換言すると、ユークリッド幾何学のような精密な図形に対してだけでなく、パンツのゴム紐のように伸び縮みするイメージでカテゴリー分けをする。またジャンル規定からはみだすものに留意しつつ、アニメ全体を無限次元の空間として捉え自由闊達《かったつ》に作品を論じる。その際の道路標識みたいなものが本書なのだと考えればいい。

いわばホーリズム（Holism、全体論、全体が部分の総和以上の意味を有するので、その検分には全体としての原理原則を検討すべきだという考え）としてのアニメ批評である。

本書の構成

以上のような観点から本書では、主に七作品を取り上げ論じることとする。なお作品の傾向から三部に分けたので、読者の興味あるパートから読み進めても構わない。

〈第1部　自己と他者〉

第1章では一一年にテレビ放映されるや否やその展開が話題となった『魔法少女まどか☆マギカ』を取り上げる。まず本作をゼロ年代アニメの総決算と位置づけ、監督・新房昭之《しんぼうあきゆき》の過去作との関係を指摘する。また他者との自己同一化というテーマ、ゲーテの『ファウスト』との照応、本作の主要キャラクター・ほむらの能力である時間遡行《そこう》（時空を移動する能力）から可能世界論の文脈で論じる。さらに劇団イヌカレーのデザインの源流や、劇場版の『［新編］叛逆《はんぎゃく》の物語』における再編成された世界について考える。その際、マンガ版の魔獣編（全三巻）も適宜参照する。

第2章は一二年に第一期が放映され人気を集めた『中二病でも恋がしたい！』である。まず制作会社の京都アニメーションおよびその代表作として『氷菓』と『響け！ユーフォニアム』の二作を取り上げ、その魅力を解析する。その後本作を議論の中核に据え、原作との相違点を指摘した後、中二病のベースにあるナルシシズム、ゴシック文化と中二病の関係などを論じる。さらにコミュニケーション論の観点から高二病や大二病を含め分析した上、近年の中二病を題材とした作品を紹介する。

第3章では一三年に第一期が放映されたぼっちアニメ『やはり俺の青春ラブコメはまちがっている。』を題材にする（ぼっちとは一人ぼっちのこと）。まず『僕は友達が少ない』を例に一〇年代に注目されている〝残念系〟とは何かを示す。その後、本作の構造を支えるスクールカーストを図示し、それを参考にぼっち、空気を読むこと、性悪説と性善説、意識高い系といった切り口で作品を分析する。また本書で取り上げた作品はライトノベル原作が多いので、ライトノベルの基本編として歴史やジャンルを示し、この文学が描くリアリズムに関して論じる。

〈第2部　ゲームの世界〉

第4章は一四年にアニメ化されたカルト的な人気作『ノーゲーム・ノーライフ』である。まず本作の色彩設計や、舞台であるディスボードという異世界の特徴を示す。その後、ファンタジーのジャンルでの本作の位置づけをへて、ゲーム理論（もともと二人以上のプレイヤーの意志決定や行動を分析する理論で、今日は政治学・経済学・社会学・心理学だけでなく、脳科学や人工知能などへも応用）を援用しながら登場したゲームを分析する。最後は主人公の空《そら》と白《しろ》の人物設定を社会適応の文脈で考える。いわゆるアスペルガー症候群やコミュニケーション障害の問題である。

第5章ではゲーム繋がりで一二年に第一期が放映された『ソードアート・オンラ

イン』を取り上げる。この作品の原作はＶＲＭＭＯ（Virtual Reality Massively Multiplayer Online、仮想現実大規模多人数オンライン）を基本とした四つの世界（アニメ化はアインクラッド編、フェアリィ・ダンス編、ファントム・バレット編のみ）が舞台なので、各々の世界を実際のオンラインゲームの歴史と関係させて分析する。これを縦糸にして、横糸では浮遊城と世界樹、ナーヴギア（当該作品におけるＶＲ＝仮想現実にダイヴするためのヘッドセット）の実現可能性、一人称視点といったトピックを扱う。最後はアニメ化されてないアリシゼーション編、劇場版やアメリカでのドラマ化という状況を紹介し、このシリーズがもつ魅力を解析する。

〈第３部　未来社会の行方〉

第６章は二〇一三年に放映された『とある科学の超電磁砲《レールガン》Ｓ』（第二期）の「妹達《シスターズ》」編を中心に、世界的な人気作「とある」シリーズをさまざまな角度から分析する。具体的には、超能力、ヒトクローン個体（クローン人間）、学園都市とスマートシティおよび超監視社会との関係、一方通行《アクセラレータ》というキャラクターの魅力といったテーマである。そういえば日本のポップカルチャー（英語圏ではマンガ・アニメ・ゲームなどはPop Cultureと表記）では、ごく当たり前に超能力をもった登場人物が戦い合う。以前からこの現象に興味があったので、これを機に分析してみた。

最後の第7章では一一年に起きた福島原発事故を予言したと話題になった一三年放映の『COPPELION』を取り上げる。原作は四部構成で、このうちアニメ化されたのは第一部と第二部である。コッペリオンの特殊能力を整理したのち、遺伝子操作とコラテラル・ダメージ（二次的被害）とを関連させながら議論を展開する。また第三部と第四部にも言及しつつ、全体のテーマを考え、リスク社会論の文脈で解析する。この作品でもっとも感銘を受けたのが、岡本太郎作「太陽の塔」を巡る談義であった。そこでこの「太陽の塔」が象徴する意味について最後に論じる。

なお本書の方針を三点ほど明記しておく。

第一に、印象を語ることはできるだけ慎み、教養（学問）を参照しつつ今一度作品（＝文化）を組み立て直すことに主眼をおく。アニメ論を執筆するということは、その作品に内在する可能性に着目し、そのアニメを生き直すことだからである（傍点部分はあとがきを参考）。

第二に、論の展開上仕方がない場合を除き、ネタバレはなるべく避ける。これは作品を観ていない方の楽しみを保証するためである。

第三に、新書というメディアなので、一般読者の存在を考える。したがってジャンル批評を適宜導入しつつ解りやすく作品を論じていく。ただしおわりには本文と異なり少々アカデミックで難解だが、著者の考え方のベースにある議論だと理解して読み進めてほしい。

※付言：抽象的な議論を好む方はつぎのような読み方も可である。

つまりはじめにで語った事柄は、おわりにの議論とリンクしているので、ゼロ年代以降の評論や現代思想に詳しい方は、本文を飛ばしておわりにへ向かうルートを取っていただいて構わない。そしてしかる後に本文を読み進めてみてほしい。

教養としての10年代アニメ／目次

はじめに　4
教養をめぐって／インフォテインメントとしてのアニメ／ジャンル批評とは／ジャンル批評のアポリア／ホーリズムとしての一〇年代アニメ批評／本書の構成

第1部　自己と他者　29

第1章　『魔法少女まどか☆マギカ』他者との自己同一化　30
ゼロ年代アニメの総決算／サヴァイヴ系とループもの／新房昭之の過去三作との関係／他者との自己同一化／『ファウスト』からの引用と変更点／可能世界／イヌカレー空間1／イヌカレー空間2／『叛逆の物語』／絶望少女もの

第2章　『中二病でも恋がしたい！』自意識と他者の存在　64
安定の京都アニメーション／『氷菓』における掟破り／『響け！ ユーフォニアム』における新基軸／『中二病でも恋がしたい！』はラブコメか／自意識と他者の存在／ゴシック精神と中二病／高二病と大二病／中二病サーガ

第3章　『やはり俺の青春ラブコメはまちがっている。』スクールカーストとぼっち　92
残念系／スクールカースト／ぼっち／空気を読む／性善説と性悪説／意識高い系／ライトノベル／ライトノベルが描くリアリズム

第2部　ゲームの世界　119

第4章　『ノーゲーム・ノーライフ』ゲーム理論と社会適応　120
計算された色彩設計／ディスボード／ファンタジーの世界／『ノゲノラ』に登場するゲーム／『ノゲノラ』とゲーム理論／アスペルガー症候群？／コミュニケー

ション障害と引きこもり
第5章　『ソードアート・オンライン』オンラインゲームと一人称視点　141
『ソードアート・オンライン』のゲーム世界／ＭＭＯＲＰＧ／アインクラッド編／フェアリィ・ダンス編／浮遊城と世界樹／ナーヴギアの実現可能性／ファントム・バレット編／ＭＭＯＦＰＳ／一人称視点／メタ・オリエンタリズム

第3部　未来社会の行方　169

第6章　『とある科学の超電磁砲《レールガン》』クローン技術とスマートシティ　170
キャラクターとしての美琴《みこと》の魅力／超能力を考える1／超能力を考える2／「妹達《シスターズ》」編／ヒトクローン個体／学園都市／スマートシティ／超監視社会／剝きだしの生

第7章　『COPPELION』生き残りとリスク社会　193
第一部と第二部／特殊部隊としてのコッペリオン／遺伝子操作／コラテラル・ダメージ／第三部と第四部／リスク社会／ハードサヴァイヴ系／太陽の塔が意味するもの

おわりに　216
近代的な教養主義の死と再生／世間内存在としてのオタク／メタ視点を欠いた再帰性／ステップアップするオタク

あとがき　230
主な参考・引用文献　236

第1部 自己と他者

第1章　『魔法少女まどか☆マギカ』

他者との自己同一化

ゼロ年代アニメの総決算

『新世紀エヴァンゲリオン』以降の最重要作にしてゼロ年代アニメの総決算とも評される作品。それが二〇一一年にテレビ放映された『魔法少女まどか☆マギカ』（以下『まどマギ』）である。

まずプロットを簡略にまとめよう。

主人公は中学生の鹿目《かなめ》まどかで、ある日、夢の中で見た少女である暁美《あけみ》ほむらが転校してくる。初対面であるはずなのに、彼女はまどかのことを知っているようだ。下校途中、友人の美樹《みき》さやかとCDショップへ赴くと、助けを求める声を聴く。探しに行くと、これまた夢で見た白い生物であるキュゥべえとほむらの姿があった。ほむらはキュゥべえを殺そうとしているようなので、まどかとさやかの二人はキュゥべえを連れて逃走するも、異空間（魔女の結界）に巻き込まれる。そこで二人は魔女の手下（造園の使い魔）に襲われるのだが、そこに上級生の「魔法少女」巴《ともえ》マミが登場し、彼女に救われる。そしてキュゥべえはまどかとさやかに、「僕と契約して魔法少女になって欲しいんだ！」と微笑みかける。大きな反響を呼んだ第三話では、マミがお菓子の魔女との戦いに敗れ非業の最期を遂げ、第五話からは新たな「魔法少女」佐倉杏子《きょうこ》が登場し、第九話以降になるとＳＦ的な要素が加わる……という展開である（魔法少女は、以上のまどか、ほむら、さやか、マミ、杏子の五人）。

ではなぜこの『まどマギ』がゼロ年代アニメの総決算と評論家から高く評価されているのか、その理由を説明しよう。

それはゼロ年代にジャンル批評で言及されたセカイ系、空気系（日常系）、サヴァイヴ系、ループものといったジャンルを横断し、戦闘美少女というファリック・ガール（Phallic Girl、斎藤環

©Magica Quartet / Aniplex・Madoka Partners・MBS

の造語でペニスをもった少女という意味）、すなわち魔法少女のバトルものという独自の展開を示した作品だからである。

はじめにでも述べたように、セカイ系とは「きみとぼくという小さな関係性が、世界の危機やこの世の終わりといった抽象的大問題に直結する作品群」のことであった。この「きみとぼく」（女と男）の部分が、まどかとほむら（女と女）に該当するがゆえに、少々百合的な関係なのだが、構造としてセカイ系を踏襲していることはたしかであろう（**図1-1参考**）。

同じく先述した空気系の特徴のうち、複数の美少女キャラの配置という意味では空気系の雰囲気もある。これはキャラクターデザイン原案を『ひだまりスケッチ』の蒼《あお》樹《き》うめが担当し、主要登場人物五人を丸顔やたれ目の癒しキャラクターとしてデザインしたことがそのイメージを後押しした。

サヴァイヴ系とループもの

残り二つのジャンル、すなわちサヴァイヴ系とループものに関しても解説しておこう。

図1-1

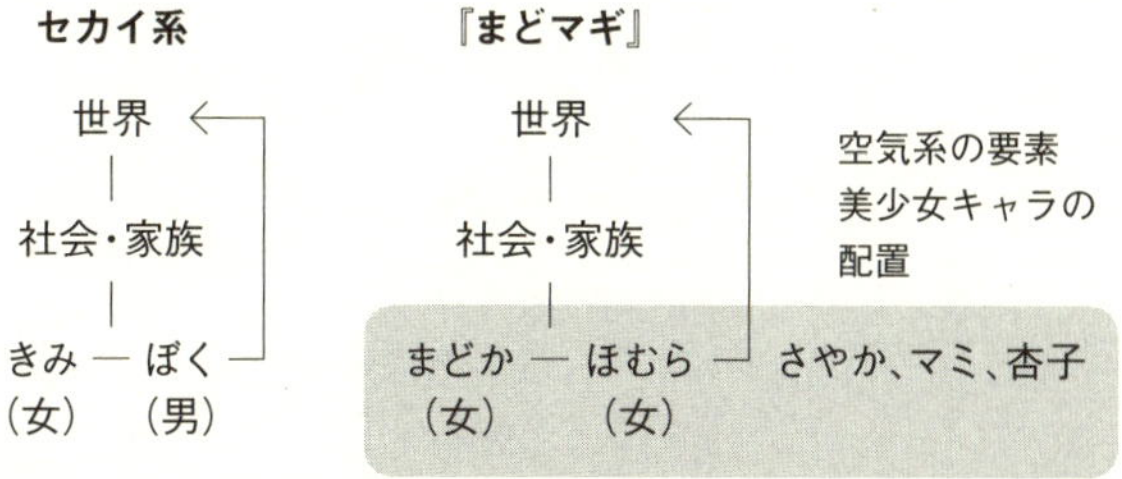

＊ただし『まどマギ』の場合、家族関係がきちんと描かれた逸話（第1・6・11・12話）もある。この点では、セカイ系とはいい難い。

まずサヴァイヴ系とは、登場人物が殺し合いを強いられ、その極限状況のなかでいかにサヴァイヴする（生き残る）かをテーマとした作品群のことである。

　命名者である評論家の宇野常寛《つねひろ》によると、たとえば西尾維新《にしおいしん》の場合、いーちゃんを主人公とする「戯言《ざれごと》」シリーズはセカイ系的な設定ではじまったが、最終巻『ネコソギラジカル（下）』を読むと「誰かのために、何かを、してみたい」と述べ、それまでのセカイ系＝「引きこもり／心理主義」から脱却し、サヴァイヴするという方向が垣間みえるという。それが反映されたのが『新本格魔法少女りすか』や、『DEATH NOTE』のオリジナルノベライズだという宇野の指摘は正統な位置づけだと思う。

　とはいえ西尾の『きみとぼくの壊れた世界』など「世界」シリーズや、『化物語《バケモノガタリ》』からはじまる「物語」シリーズを読むにつけ、そう単純に転向していないようにも思える。たとえばマンガ原作の『めだかボックス』は、学園を舞台にしたサヴァイヴ系であるものの、その学園の名はセカイ系的な「箱庭学園」（閉ざされた空間）。また近年の『悲鳴伝』からはじまる「伝説」シリーズでは、四国という「箱庭」で萌えキャラ（奇しくも魔法少女）の大量殺人が起こっている。そう考えると「セカイ系」的なサヴァイヴが売りではと考えたくなる（むろん西尾文学には多面性があり、『掟上《おきてがみ》今日子の備忘録』からはじまる忘却探偵シリーズや『美少年探偵団　きみだけに光かがやく暗黒星』で幕開けした美少年シリーズは新感覚のミステリ。詳しくは別の機会に論じたい）。

　それはともかく、サヴァイヴ系はアニメでは、谷口悟朗《ごろう》監督の『無限のリヴァイアス』（一九九九）を源流とし、ゼロ年代後半には一般的にも有名な『ＤＥＡＴＨ　ＮＯＴＥ』を筆頭に、『ブラスレイター』『Fate/stay night』『ＧＡＮＴＺ』『舞-HiME』『屍鬼《しき》』『セキレイ』『デッドマン・ワンダーランド』『ＢＴＯＯＯＭ！』など数え切れない作品がある。これらの作品では、（『DEATH NOTE』のごとき）名前を記した相手を死なせることができる死神のノートを使って犯罪者を抹殺するような、生き残りゲームが展開されている。

宇野によるとサヴァイヴ系は、〇一年の九・一一同時多発テロや小泉構造改革以降のサヴァイヴ感（引きこもりでは生き残れないとの決断主義）に反応した想像力が背景にあるという。たしかに『まどマギ』も生き残りをかけるような展開であり、魔法少女同士がときに対立し戦い合うという設定なので、サヴァイヴ系的な想像力が背景にあり作品を支えているとみることは可能である。

これは『ブラスレイター』のシリーズ構成や、『Fate/stay night』のスピンオフ『Fate/Zero』の原作者である虚淵玄《うろぶちげん》がシリーズ構成と脚本を担当したことが大きく影響している。

たとえば「第四次聖杯戦争」の詳細を描いた『Fate/Zero』では、聖杯をめぐる七組の魔術師《マスター》と使い魔《サーヴァント》の殺し合いが描かれ、一組のみが願いを叶えることができた。『まどマギ』も魔法少女になる際に一つだけ願いが叶うという設定なので、サヴァイヴ系的な想像力が作品を支えるという点で共通する。また虚淵脚本のゲームではあ

図1-2

ゼロ年代以降
セカイ系
サヴァイヴ系
空気系
ループもの
…etc.

×

（戦闘美少女）
魔法少女もの

＝

2011年
ゼロ年代アニメの
総決算
『まどマギ』
（絶望少女系へ）

るが、『Phantom』で情け容赦なく人が死ぬ展開は、『まどマギ』の第三話や第八話へ踏襲されている。

他方、ループものは、時間SFの一ジャンルで時間が繰り返される作品のことである。

ループものの場合、繰り返される時間から脱出する手がかりは「きみとぼく」との恋愛といった個人的な関係性に求められる。そのためセカイ系の設定と一致するがゆえに、ループもの≒セカイ系といった論調が多かった。

このループものの代表作は、『うみねこのなく頃に』『未来日記』（サヴァイヴ系でループもの）などであるが、セカイ系的な『涼宮ハルヒの憂鬱』の〇九年版の第一二〜一九話「エンドレスエイト」では、大体同じストーリーで八週連続ループするものが放映され、前代未聞の展開が話題を集めた。

ほむらの能力の一つは時間操作魔法である。この能力により一定の期間を無限に繰り返し、時の流れを止めることも可能である。ネタバレは慎みたいが、繰り返される時間から脱出する手がかりは、まどかとほむらとの百合的な関係性に求められた。それゆえ『まどマギ』がループものの新機軸であるとの評価は首肯できるだろう。

以上のような理由から『まどマギ』はゼロ年代アニメの総決算とされたわけである（**図1-2参考**）。

新房昭之の過去三作との関係

次に監督である新房昭之のプロフィールおよび過去作と『まどマギ』との関係を示しておく。

福島県出身の新房昭之は、東京デザイナー学院卒業後、制作会社をへて、スタジオとめに入社しアニメーターのキャリアをスタートした。九四年に『メタルファイター♥ＭＩＫＵ』で初監督を務めた後、活動の場をＯＡＶ（オリジナル・アニメ・ビデオ、劇場公開やテレビ放送とは異なりソフト販売が主たる販路）作品に移していたが、この時期の作品では『それゆけ！宇宙戦艦ヤマモト・ヨーコ』の評価が高かった。

そして〇一年、タツノコプロ制作の『The SoulTaker ～魂狩～』に『まどマギ』の制作会社であるシャフトがグロス請けで参加したが、〇四年に新房が『月詠《つくよみ》 -MOON PHASE-』の制作会社としてシャフトを提案したこともあり、これ以降彼は同社の看板となった。

じつは新房監督のアニメ演出はこの頃から定評があった。たとえば『The SoulTaker ～魂狩～』では、教会以外のシーンでもステンドグラスを背景にするといった美術設計、超クローズアップ（大写し）から超ロングショットまでテンポよく切り替わるカメラワークなど。『月詠 -MOON PHASE-』では、舞台風の背景美術や、（ドリフターズの番組のように）突然落ちてくるたらいによる異化効果など。もちろんこれらはスタッフの意見の採用もあるが、その演出はゼロ年代前半のアニメ監督のなかで異色だった。

©タツノコプロ / The SoulTaker 製作委員会・WOWOW

その結果、ポスト庵野《あんの》秀明の呼び声が高くなり、西尾維新原作の「〈物語〉」シリーズをはじめ、『さよなら絶望先生』『まりあ†ほりっく』『荒川アンダー ザ ブリッジ』『3月のライオン』など、数多くの人気作のアニメ化に際して監督および総監督を務めている。これらの作品において、わざとアクションのカットを飛ばしたり、色のトーンを変えたり、シルエットや文字のみのカットを挿入したり、ありとあらゆる演出を行っていることは語るまでもない。

では『まどマギ』を読み解く上で鍵になる作品は何かと問われたら、先の『The SoulTaker ～魂狩～』と、〇四年の『コゼットの肖像』および『魔法少女リリカルなのは』の三作品だと答えることができる。

まず『The SoulTaker ～魂狩～』の主人公は伊達京介である。かつて彼を救った岬真夜《みさきまや》が多国籍企業の桐原グループに誘拐される。京介の前に謎の男である壬生《みぶ》シローが現れ、京介は特殊能力を有したミュータントになるので、一言でいえば、変身ヒーローものの異種バージョンである。この変身という設定にプラス、主人公のダークヒーロー（男）をヒロイン（女）にスライドさせれば、『まどマギ』の戦闘美少女たる魔法少女になる。また第一話に登場するステンドグラスのある教会は『まどマギ』の第七話で再現されている（本作最終話のステンドグラスできた異空間も『まどマギ』風）。もちろんアメコミ調なので作品のスタイルは異なるが。

つぎに『コゼットの肖像』。この作品は、監督自身が『まどマギ』の原点と述べるゴシックホラー（欧州のゴシック風の古城や寺院などを舞台に描かれた耽美的なホラー、ゴシックに関しては第2章で解説）作である。

主人公は骨董店・香蘭堂《こうらんどう》でアルバイトをする画学生。彼はある日、ヴェネチアン・グラスからみえた異国の金髪碧眼《へきがん》の少女に思いを寄せる。この骨董店はじつはほむらの自宅と同じ配置をしているし、後述する劇場版との照応関係もある。またスタッフも、キャラクターデザインと作画監督を担当した鈴木博文《ひろふみ》や、音楽を担当した梶浦由《かじうらゆ》記《き》は『まどマギ』の関係者である。『まどマギ』で脚本を担当した虚淵玄もこの作品から影響を受けた旨の発言をしている。

最後に『魔法少女リリカルなのは』は、ゼロ年代を代表する魔法少女ものである。従来の魔法少女ものは、六六年の『魔法使いサリー』以降、『魔法のプリンセス ミンキーモモ』などをへて、たとえば『美少女戦士セーラームーン』や『おジャ魔女どれみ』を例にすれば分かるが、視聴者は女性中心であった。

本作も最初は魔法少女もののお約束的な展開をみせていたが、主人公である高町なのはのライバル、フェイト・テスタロッサが登場すると、主に男性が好む派手なバトルものと化す。このバトルものという意味で『まどマギ』のもう一つの原点であるが、なのはと、過去の因縁を乗り越えたフェイトとが友人となり、また会う日を……という希望に溢れた結末は『まどマギ』の対極にある。ともあれ『リリカルなのは』はゼロ年代の魔法少女ものの代表なので『まどマギ』と比較することは理に適っているように思われる。

なおこの魔法少女という日本独特にアレンジされ表象された女性性を名づけるなら、魔術的女性性（Magical-Feminine）といったものとなるだろう（豪のバーバラ・クリードがいう怪物的女性性 Monstrous-Feminine が着想源）。いずれ論じたいテーマである。

他者との自己同一化

さて『まどマギ』が優れている点は多々あるが、以下四点ほど指摘する。

第一に物語の基本的要素であるプロット（Plot、あらすじ）と複数のサブプロット（Subplot、わきすじ）が植物のツタのように密接に絡み合っている点である。

メインのプロットはまどかとほむらとの関係にキュゥべえが介入し、終局に向けて戦いが繰り広げられる話であるが、同時に他の三人、すなわち杏子・さやか・マミのそれぞれのサブプロット（いわゆる「〇〇ルート」）が作品に織り込まれることで、語り（Narrative）が形作られ、そこから作品のテーマがみえてくる。

たとえばアニメ版第七話は基本的にさやかルートの回である。さやかは事故が原因で右腕が不自由になったヴァイオリン奏者の同級生・上条恭介のため、キュゥべえと契約して魔法少女になる。ところが恭介は、さやかのおかげで回復したことを知らず登校してきた。さやかは恭介と話す機会をもてないでいたなか、友人・志筑仁美《しづきひとみ》から恭介への想いを知らされる。

この回は杏子の過去も語られるが、仁美の告白宣言が伏線となって、第八話ではさやかのソウルジェム（宝石状のアイテムで魔力の源）は濁り、一定量以上の穢《けが》れを吸収したグリーフシード（倒した魔女からえられる黒い宝石状の物質）により魔法少女から魔女に堕ちる。

ではプロットとサブプロットが織りなす語りからみえてくる『まどマギ』のテーマとは何だろう。

マだといえる。

『まどマギ』は、少女五人が他者に自己同一化し、彼らを救済するためにキュゥべえと契約し魔法少女になるという設定であり、他者を救済する可能性とその限界がテーマだといえる。

私たちが他者と自己同一化するプロセスは二つ（学者によっては複数）ある。米の文学研究者イブ・コゾフスキー・セジウィックによると、「自分を誰かとして自己同一化」（Auto-Identification）することと、「自己と他者を同一化」（Allo-Identification）する二つのプロセスが含まれているという。たとえば自分は女性（男性）であると性自認し「女性」（男性）として自己同一化することが前者。自分とは違った立場にいる「他の誰か」（他者）と同一化することが後者ということだ。

『まどマギ』の場合、後者の自分とは違った立場にいる「他の誰か」（他者）と同一化し、さらにその他者を救うというプロセスが描かれている。

たとえば杏子の場合、自分の父を救うため魔法少女になったが、結局彼女の家族は不幸な末路をたどるし、救済したかったさやかとは……。またさやかの場合、先述したように恭介のため魔法少女になったが、最期は魔女に化身した。

他方、ほむらは「ワルプルギスの夜」との戦いで戦死する唯一の親友であるまどか

図1-3

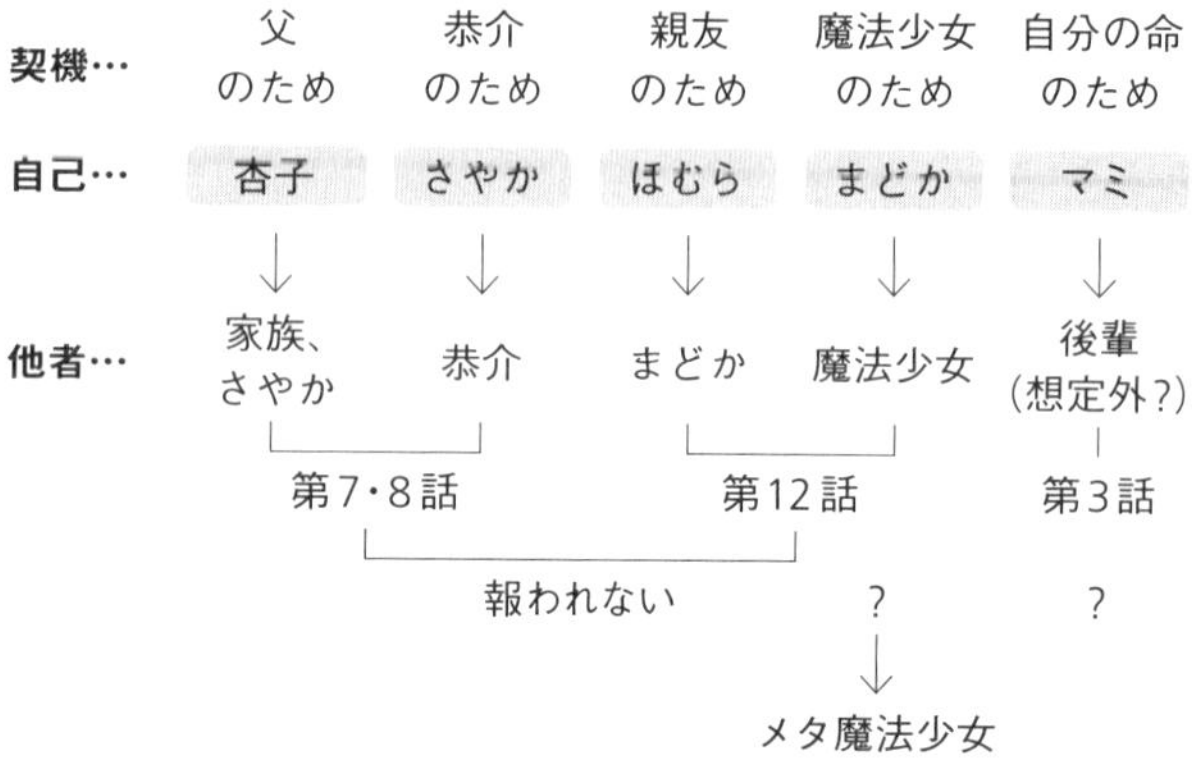

を救うため、いくつもの並行世界を横断する。またまどかはすべての魔法少女を救済する（すべての魔女を誕生する前に消し去る）ため、第一二話でキュゥべえと契約するが、ほむら以外のすべての者から記憶が消去される。これはほむらにとって納得がいく結末ではない。

そしてマミの場合、交通事故で瀕死の重傷を負ったため魔法少女になったという発端はともかく、第三話で「お菓子の魔女」と戦い殺される。これは後輩のさやかとまどかの目前というロケーションながら、想定外の事態といえる。この点、五人のなかでは他者との自己同一化というテーマは免れている。

とはいえそれは、五人が五人同じようなシ

チュエーションにすると語りが単純化するので、それを避ける意味と、後述する劇場版に独特な立ち位置でマミが再登場する伏線にもなったように思う。したがって総体として結論を語れば、第八話で杏子が魔女化したさやかを救うために命をかけたように、結局は他者を救済する可能性よりもその限界のほうにウェイトが置かれていることがよく分かる（図1-3参考）。

なおミステリ作家の小森健太朗は、最終話でまどかが契約時にだした願いには、イギリスの論理学者バートランド・ラッセル流のパラドックスを引き起こす自己言及が内包されているとみる。つまりまどかの願いはすべての魔法少女を救済することであった。それゆえまどか自身もその救済対象になるというパラドックスが生じるということだ。またラッセルの論理的パラドックス（たとえば理髪師のパラドックス）は集合に階型の区別を設けたが、魔法少女の集合のパラドックスにおいてまどかは「メタ魔法少女」の位置にあたると指摘する。自己言及型パラドックスの応用を見る小森の論は、ロシアの神秘思想家ピョートル・ウスペンスキーの次元論からの連想を含め、広義の論理学から『まどマギ』を論じたものである。

『ファウスト』からの引用と変更点

第二の特筆点は、ドイツを代表する文豪ゲーテの詩劇『ファウスト』第一部の設定を見立て（あるいは借景）として活用したことである。

地球外生命体の端末にしてインキュベーター（Incubator、卵をふ化させる孵卵《ふらん》器、経営学では起業の支援者という意味）のキュゥべえの目的は、第二次性徴期の少女の感情が希望から絶望に変わるときのエネルギーを確保することである。この憎々しげなマスコットは悪魔メフィストフェレスに相当する。メフィストフェレスは『ファウスト』第一部でむく犬として姿を現した。このことからキュゥべえは四足歩行動物としてデザインされたのかもしれない（無表情キャラクターという点では、クールな「むひょキャラ」、またラヴクラフトのクトゥルフ神話に登場する神々との照応関係もある）。

すると当然のことながら、主人公のファウスト博士はほむら、恋人のグレートヒェンはまどかとなり、このトリアーデが物語の骨子《こっし》となる（それゆえ『まどマギ』の真の主人公はほむらであるという説も成り立つ）。

とはいえゲーテの『ファウスト』第一部では、グレートヒェンは婚前交渉と嬰児《えいじ》殺しの罪を問われて牢獄に投じられ、救出に向かったファウストはメフィストフェレスとともにグレートヒェンを牢獄においたまま去っていく。したがって『まどマギ』の結末を「キュゥべえ（メフィストフェレス）と契約したほむら（ファウスト）は勝負に負けるが、最後はまどか（グレートヒェン）によって救済される」といったハッピーエンドとみる向きは誤読である。この点は後ほど再検討したい。

それはともかく『まどマギ』は他にも『ファウスト』の設定を参考にしている。たとえば第一話のアヴァン（オープニングに入る前のプロローグ）部分の魔女文字や、第二話の異空間の入り口にある落書き。

落書きの一部分は「下界の子らの中の／力強き汝よ、／前よりも美しく／世界を築き直せ、／汝が胸のうちに再び築け。／明るき心もて／新しき生命の歩みを／始めよ。／新しき歌の響くは／その時なり。」（高橋義孝《よしたか》訳）と記されている。

このように序盤の第一話や第二話で伏線を張り、『ファウスト』の登場人物三人をほむら、キュゥべえ、まどかに仮託させて物語を展開した。

なお第一〇話でまどかが魔女化した姿が「救済の魔女」（クリームヒルト・グレートヒェン）、最悪の魔女が「ワルプルギスの夜」である。「ワルプルギスの夜」は魔女がブロッケン山に集合しどんちゃん騒ぎをする五月一日の前の晩を指すが、ワルプルギス自身は疫病や魔法から人間を守る神なので、そこら辺りは設定を大きく変更している。

以上のように『ファウスト』からの引用とともに変更もじつは多い（なおルイス・キャロルの『鏡の国のアリス』も参考にしているが、紙面の都合上カットする）。

可能世界

第三の注目は、『まどマギ』は可能世界（Possible Worlds）、つまり現実世界は「無数の可能世界の一つ」という哲学や論理学の考えをベースにしている点である。

これは一七世紀のドイツの哲学者ゴットフリート・ライプニッツに遡る概念である。ライプニッツによると、全能とされる神の観念のなかには、無限に多数の可能世界が存在しているという。したがって全能とされる神はじつは全能ではないので可能であることしか行うことができない。その結果、神は善を意志するが同時に、悪を容認せざるをえない。ゆえに現実世界とは無数の可能世界の一つとなる。

『まどマギ』は無限に多数の可能世界を舞台としており、またまどかは最終話で円環《えんかん》の理《ことわり》、つまり神のごとき存在となり善（正義）を意志しつつも、悪（魔女）を容認し、あまつさえ救済しようとする。ゆえにライプニッツ的な可能世界をベースにしていると考えうる（可能世界論は今日ではアメリカの論理学者ソール・クリプキの議論が主軸なので、興味のある方は巻末の参考文献を読んでほしい）。

このような可能世界論は、哲学や論理学の論理的帰結なのだが、たとえば量子力学の多世界解釈（シュレディンガーの猫）、超弦《ひも》理論の膜宇宙、インフレーション理論のマルチバース（宇宙の英語ユニバースのユニは単一の、それに対してマルチバースのマルチは多数のという意味なので多数宇宙）など、理系の量子力学や宇宙論からも、現実世界以外に存在する世界（宇宙）の可能性が論じられている。このうちよく語られるのはシュレディンガーの猫であるが、ここではインフレーション理論のマルチバースを説明する。

周知のように宇宙はビッグバンによって急速膨張（第一のインフレーション）して生まれた。その膨張はやがて減速するが、途中から加速膨張（第二のインフレーション）を起こす。その際のエネルギーが真空のエネルギーと呼称されるもので、エネルギーがあるということは、真空は相転移（ある相から別の相に変化すること。たとえば氷から水、水から蒸気）を起こす。インフレーションは宇宙の全域で均一に起こるわけではない。そこで親子関係のように親宇宙のなかに小宇宙が生まれ、ワームホールで繋がるが、このワームホールはやがて千切れて、お互いが観測すること不可能なマルチバースが存在するようになる。これがこの理論の提唱者の一人である佐藤勝彦の考え方である。

したがって理論物理学的にも可能世界論は別段飛躍した考え方ではないということが分かるだろう（詳しくは巻末の参考文献を参照）。

またほむらの能力は時間遡行であり、時間軸を空間軸に置き換えると、数多くの可能世界＝並行世界（平行世界、パラレルワールド）が存在すると読むことも可能である。

詳しく述べると、ほむらはいくつもの並行世界を横断し、彼女が望む結末を求めて一ヶ月間を繰り返してきた。その結果、まどかの存在を中心軸に数多くの並行世界が螺旋《らせん》状に束ねられ、現時点のまどかに因果線が繋がり、因果の特異点となった。

この設定にしても哲学や論理学、量子力学や宇宙論の見解からすればごく当たり前のロジカルな結論である。何しろアメリカの物理学者マックス・テグマークは、数学的に存在する構造は物理的にもまた存在する（数学的宇宙仮説）としているのだから、並行世界が存在することは学問的に証明されているといえる（もちろん反対意見もあるし、観測不可能だが）。

ただしまどかは、キュゥべえとの契約の際に「すべての魔女を消し去りたい」との希望を述べ、結果として因果を脱し時空を超えた「まどか」（円環の理、神）という概念となる。その結果、①魔女がいない世界、②魔女の代わりに魔獣が現出しそれと戦闘、③ほむら以外のすべての者からまどかに関する記憶消去などが起こった。これは哲学や論理学、量子力学や宇宙論の見方から証明できないのでフィクションならではの設定である。

このようにフィクションとノンフィクションを巧みに混ぜ合わせた設定に『まどマギ』の面白みがあり、そこもまた魅力の一つになっているように思われる。

なお本作では並行世界の基準点（ゲームでいうセーブポイント）を、ほむらの転校のシーンにしているが、まどかが転校する並行世界があるなら、まどかが目覚めるシーンを基準点にしないとタイムパラドックスが生じる。この点で後述する劇場版をみた際、首をひねったことを付言しておく。

イヌカレー空間1

最後に、手書きの絵・文字・写真・印刷物などあらゆる素材をコラージュし、異空間・魔女・使い魔をはじめ、第七話の教会（『The SoulTaker ～魂狩～』冒頭の再現）や杏子の回想（切り絵での人形劇）、第八話のほむらの部屋（原案）のデザインを担当した劇団イヌカレーのデザインワークスにも注目である（新房監督作では『さよなら絶望先生』と『まりあ†ほりっく』などでも協力）。

『まどマギ』が映像・芸術として群を抜いているのは、高尚な要素とキッチュな要素を異種混交《ハイブリッド》したり、美的なものと醜悪なものとを併置することで、鑑賞者を驚くべき魔法少女の世界に誘い、挙げ句の果てに酩酊《めいてい》させる点にある。大学でアートを教えている私はそこが一番の魅力だと考えている。

そのデザインを担当したのが、白石亜由美（2白犬）と穴井洋輔（泥犬）の二人組からなる劇団イヌカレーである。

二人とも代々木アニメーション学院福岡校出身なので、美大と同じように美術史のようなカリキュラムがあったか、彼ら自身が興味を抱いてさまざまな美術やアニメーションにアクセスしデザインを消化したと考えられる。

それらをたどるためにここでドイツ出身の美術史家エルヴィン・パノフスキーがはじめたイコノグラフィ（Iconography、図像解釈学）の観点を導入する。これは、絵画などに表象されたものの意味である図像《イコン》を対象とし、その作品の根底にある世界観、歴史意識や精神などを研究する学問である（意味論的傾向はあるがホリスティックなアプローチとして読んでほしい）。この見地で彼らの図像（視覚記号）を分析したところ、デザインの源流は大きく分けて五系統あると推察した。

しかしながら紙面の都合上、①寄せ絵（Double Image、隠し絵）で有名なジョゼッペ・アルチンボルド、②近代アートのダダイスム（マルセル・デュシャンら）やシュルレアリスム（ルネ・マグリット、ポール・デルヴォーら）、③現代アートのネオ・ダダ（ロバート・ラウシェンバーグら）やポップ・アート（ロイ・リキテンスタイン、アンディ・ウォーホルら）からの影響うんぬんは指摘にとどめ、アニメーション絡みで二系統のみ解説しておく。

まずゼロ年代にネットで話題になったウェブアニメーション、とりわけぴろぴととと野山映《あきら》（えぬ）の作品からの影響が窺える。

ぴろぴとは独特なアングラの作風で、とくに（後述する）ヤン・シュヴァンクマイエルの影響を受けたシュルレアリスム的な作品が有名である。テーマは少女とエロスで「人形・蝶・花」など少女性を想起させるアイテムを、寺山修司、澁澤龍彦《しぶさわたつひこ》、サルバドール・ダリ、束芋《たばいも》、スーザン・ピットを感じさせる独特な演出で作品化している。とりわけ極彩色を用いた耽美性の強い「花火虫」（〇三）や「DOLL」（〇五）と、『まどマギ』とはデザインおよび世界観が近い。

他方、野山映は本人曰く、キモカワ、カオス、シュールなものを愛好しており、ぴろぴとと同じくシュヴァンクマイエルを彷彿とさせる不気味さや撹乱《かくらん》的イメージが特徴である。シュールな作品である『空想少女』（〇六）や『ひとりだけの部屋』（〇九）と劇団イヌカレーのデザインワークスは通じるところがある。

その他、日本以外のウェブアニメーションからも影響を受けているようだ。たとえばスウェーデンのダニー・ゴメスの『flashback』（〇一）におけるマヤ文明やインカ文明など中南米のモチーフがみられる色彩豊かな映像。あるいはオランダ出身のハン・ホゲルブルッゲの『Hotel』（〇四）のコメディ色のないシチュエーションもの。これら欧州のシュルレアリスム的なウェブアニメーション（後者は正確には双方向アニメーション）とも親近性が極めて高い。

※付言：四人の作品はインターネット上で公開されているので、検索して視聴してみてください。

イヌカレー空間2

またアートアニメーションからの影響もあるだろう。こちらもシュルレアリスム的な作家からのインパクトがあったように想像される。

たとえばベルギーに生まれ、ルネ・マグリットと交流し、彼やポール・デルヴォーらシュルレアリスムの作家から深い影響を受けたラウル・セルヴェ。

代表作である『夜の蝶』（九八）は、「夜の蝶」（蛾）がある建物の開いた窓から侵入し、機械仕掛けの人形の指揮棒に止まると音楽が鳴りだし、胸を露わにしていた女性二人が鏡のなかのもう一人の自分とワルツを踊り出すシーンからはじまる。鱗粉《りんぷん》をまき散らす「夜の蝶」は、日常的な事柄に魔術をかける存在なのだが、『まどマギ』に登場した「薔薇園の魔女」には「夜の蝶」（蛾でなく蝶だと思うが）のモチーフが見受けられる。

図1-4●劇団イヌカレーのデザインワークス

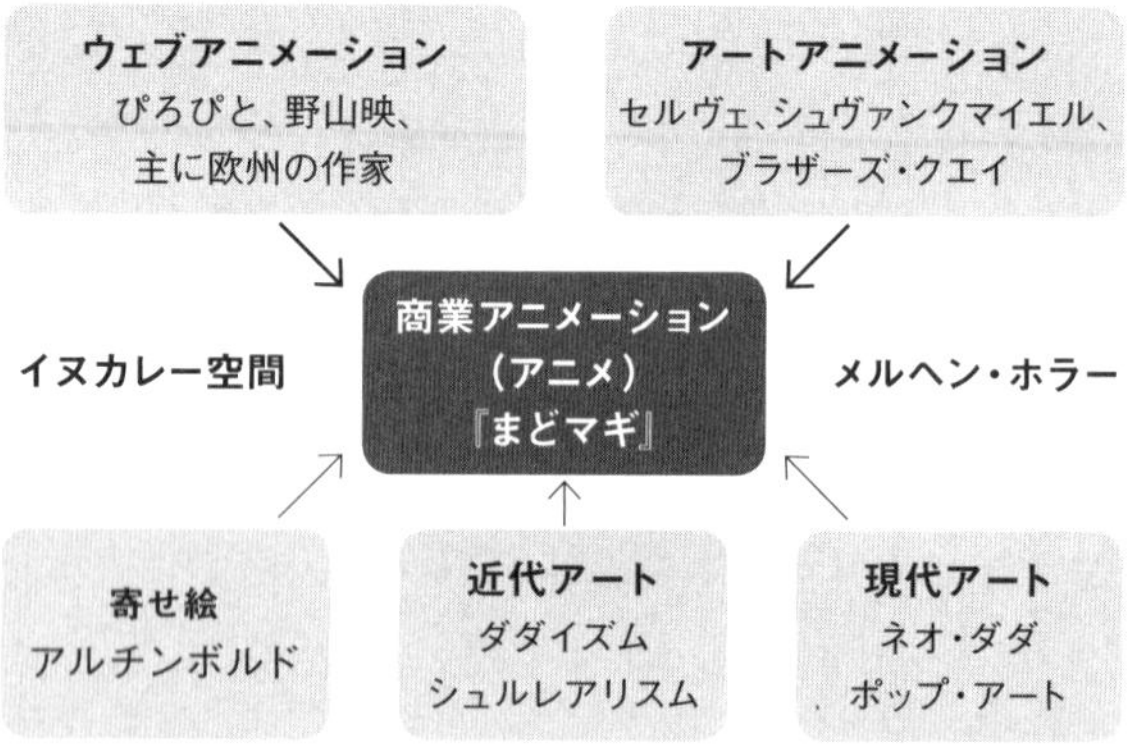

その他、先述したチェコスロヴァキア（現チェコ）出身のヤン・シュヴァンクマイエルや、アメリカ生まれの双子、ブラザーズ・クエイ。

前者はシュールで皮肉の利いた作風で、粘土やさまざまなオブジェのコマ撮りアニメーションに実写や写真を交えたものが多い。また後者は人形《パペット》アニメーションで、関節部分や「はさみ」など金具が剥き出しの人形を使うなど禁じ手を連発しているが、使い魔の「はさみ」モチーフにその痕跡がある。

以上、劇団イヌカレーのデザインワークス（個人的に気に入っているデザインは「お菓子の魔女」と「委員長の魔女」）の源流をイコノグラフィの方法で分析してみた。アニメーションに限定して述べれば、ウェブアニメーションやアートアニメーションといった領域は、商業アニメーションであるアニメのファンからは無視される傾向にあった（もちろんディープなネットワーカーやアート好きもいるので一概にはいえない）。

ところが劇団イヌカレーがデザインを担当した異空間などでは、そのような領域で使われたアイテムを彼らなりの美学でコラージュし「メルヘン・ホラー」ともいうべき世界観で『まどマギ』を彩った。日本のアニメ史を振り返って、映像・芸術のさまざまなジャンルから引用を行い、オペレッタ（オーケストラ付きの歌劇）のような世界を現出した作品は類例がない。しかもカタストロフ・エンドの異空間で。

『まどマギ』が国内だけでなく海外でも評価が高いのは、彼らのデザインワークスの革新性にあることは疑いない（**図1-4参考**）。

『叛逆の物語』

テレビアニメにつづき『劇場版 魔法少女まどか☆マギカ』三部作が公開された。このうち一二年の『[前編] 始まりの物語』と『[後編] 永遠の物語』は、新作カットを加えたテレビ版の再編集である。テレビ版との違いは、まどかの家のリビングやさやかの髪飾り位なのでとくに語ることはない。

　ところが一三年に公開された『[新編]叛逆の物語』（以下『叛逆の物語』）は完全新作であり、テレビ版以降のまどかによる再編成された世界、つまり魔女はおらず、魔法少女がキュゥべえと協力しながら戦う世界が描かれている。

　冒頭から驚かされたのは、魔法少女の五人が揃い踏みしているのみならず、マミは元お菓子の魔女のべべ（六人目の魔法少女・百《もも》江《え》なぎさ）と同居し、ともに謎の生命体の魔獣や仁美から生まれたナイトメアと闘うという設定であった。

　この設定には裏があり、やがて町自体が結界で閉ざされた空間ということが明らかになる。ほむらがその真相を探るべく調査をはじめると、自分自身の限界まで濁りきったソウルジェムのなかに町自体が取り込まれたことが分かる。この設定は先述の『コゼットの肖像』を彷彿とさせる。

　ソウルジェムが濁るのは呪いであった。ところが人間は「不合理な存在」であり

©Magica Quartet / Aniplex・Madoka Movie Project

「感情」という厄介なものがある。したがってテレビ版最終回でとったまどかの選択はほむらにとって死ぬより酷いことであった。

この流れで考えれば充分納得いく展開であるが、「希望よりも熱く絶望より深い」感情がほむらを悪魔とでも呼ぶべき存在にした。ちょうど『ファウスト』第二部のラストにおいてファウストが死亡したとき、メフィストフェレスが口にした「永遠の虚無」のごとき深い空虚感がここにはある。

なお一五年から刊行されたマンガ版『魔法少女まどか☆マギカ［魔獣編］』（全三巻）は、テレビ版と劇場版を繋ぐエピソードが展開されている。たとえば魔法少女が闘う魔獣や、ほむらの新しい能力である記憶操作魔術（この能力が『叛逆の物語』の鍵）などの正体がよく分かり、一読する価値がある。

絶望少女もの

『まどマギ』はゼロ年代アニメの総決算であると冒頭で述べた。これはゼロ年代のアニメ潮流から考えると正しい認識だと思うが、一〇年代アニメの文脈で再考すると異なる図が浮かび上がってくる。つまりテレビ版と『叛逆の物語』のとくに後半には、一貫して絶望が通底音のごとく響き渡り、救済からはほど遠い結末であったからだ（とくにほむらおよびほむらファンにとって）。

じつはこのような絶望的な状況に陥る少女を主人公にした作品が一〇年代には散見される。代表作は、一三年の『幻影ヲ駆ケル太陽』、一四年の「ＷＩＸＯＳＳ《ウィクロス》」シリーズおよび『結城友奈《ゆうきゆうな》は勇者である』である。簡潔に紹介しよう。

まず『幻影ヲ駆ケル太陽』は、人々を化け物にしてしまうタロットと、それに対抗するタロットを扱う四人の少女の戦いを描いたバトルアクションで、ダークファンタジー風の作品である。少女たちにはそれぞれ過去があり、また劣等感も抱えており、陰と陽の両面が窺える人間ドラマが描かれている。

また「ＷＩＸＯＳＳ」シリーズは、「セレクター」となった少女はカードバトルに勝ち続けると、願いを叶えることが可能な「夢限《むげん》少女」になれるが、逆に三回負けると記憶を喪失するという設定のバトルものである。この作品もまた少女たちにはそれぞれ過去がある。

そして『結城友奈は勇者である』は、四国の中学校にある勇者部に所属する五人の少女が、敵であるバーテックスと闘うが、神の力を開放（満開）した対価として、身体のどこかの機能を喪失する。この散華《さんげ》という過酷なシステムに驚きの声が上がった。

以上の作品はいずれも少女たちが過酷な状況の下で敵に立ち向かい、『まどマギ』のような深い絶望を味わう。いわば宿業を背負った少女たちが運命に立ち向かえるか否かに迫った作品といえばいいだろう。一六年にアニメ化された『魔法少女育成計画』もこの路線である。

紙面の都合上、「WIXOSS」シリーズのみ詳しく説明する。

この作品の主人公は小湊《こみなと》るう子である。彼女の場合、「ルリグ」（分身）のタマや、かつて「セレクター」（人間）であったが「ルリグ」と化してしまった少女たちを救済するためバトルを続ける。しかしこの作品で重要なのは、るう子よりもむしろウリスであると考える。

ウリスはもともと本作におけるもの一人の主要人物・伊緒奈《いおな》の「ルリグ」であった。彼女は自己中心的で残虐非道な性格の持ち主であり、彼女は言葉で他者をいたぶることの好きな存在である。

©LRIG / Project Selector

第一期では、最後の戦いの前に「セレクター」の伊緒奈へ「あなたみたいなクソッタレと戦えて楽しかったわ」と別離の言葉を口にし、伊緒奈が「夢限少女」となった後、肉体を獲得したウリスは第二期にはより邪悪な存在としてふるまう。

第二期の最終回、白窓《しろまど》の部屋における戦いにおいても、「セレクター」バトルの秘密を知る少女・繭《まゆ》へ「何なのよ、そのザマは！　最強のセレクターなんじゃないの、あなたは！」と怒りをぶつけ、無色のカードが示されると、いわば負の感情を一身に帯びた存在であったウリスは、暗黒の世界へ封印される。繭、他の「セレクター」や「ルリグ」は解放されたにもかかわらず。ここにも他者を救済する可能性とその限界が表象されている（一六年に設定をやや変えた第三期が放映された）。

これらの作品を視聴すれば、ゼロ年代に『エヴァ』がセカイ系の源流とされたように、一〇年代は『まどマギ』が新しいジャンルの源流とされることには充分な資格があると思われる。これを「絶望少女もの」と名づけることが学生から提案されたので「絶望少女系」と命名しておく。

なお新しい傾向として、一五年の『Charlotte』では、未来を変えるためタイムリープを繰り返した結果、視力喪失などの代償を払う少年が、また一六年に大きな話題になった『Re:ゼロから始める異世界生活』では、自分の死とともに時間を巻き戻すが、死亡する際にはそれ相応の苦痛を伴う「死に戻り」の少年が主人公となっている（二作ともループものの側面がある）。

『まどマギ』に端を発する「絶望少女もの」から「絶望少年もの」へ。

以上の作品を視聴するなら、人間にはけっして癒されない絶望があることが分かる。『まどマギ』が放送されるや否や熱狂的な支持を集めた理由の一つは、そのことを私たちが失恋や親しい人との突然の別れを通じて共通感覚として理解していたためであろう。

ニーチェ曰く「深淵をのぞきこんでいれば、深淵もまたお前をのぞきこむ」。

私たちはそのような深い闇を知っている。

第2章 自意識と他者の存在

『中二病でも恋がしたい!』

安定の京都アニメーション

一九八一年に創立された京都アニメーション（以下、京アニ）。言うまでもなく、二〇〇二年の『フルメタル・パニック? ふもっふ』によって注目され、Keyの恋愛アドベンチャーゲームを原作とした〇五年の『AIR』（その後『Kanon』『CLANNAD』とつづく）をへて、〇六年の『涼宮ハルヒの憂鬱』、〇七年の『らき☆すた』、〇九年の『けいおん!』の人気で大ブレイクした制作会社である。

ゼロ年代後半は「京アニの一人勝ち」といい表された。アニメの業界ではDVD／Blue-rayを一万枚以上売り上げるとヒット作として認知されるらしいが、『涼宮ハルヒの憂鬱』と『けいおん!』はいずれも四万枚以上の売り上げがあったという。

ではなぜゼロ年代後半に京アニは視聴者から支持されたのだろうか。

それはまず時代のトレンドを反映し、それを巧みに織り込んだ作品をアニメ化したのが原因であろう。その結果、『涼宮ハルヒの憂鬱』はセカイ系の代表と評価され、宇宙人（長門《ながと》、綾波レイ風）、未来人（みくる）、超能力者（古泉《こいずみ》）という世界観が異なる魅力的なキャラクターがSOS団というサークル内で共存し、ハルヒと主人公キョンの行動で世界《セカイ》の行く末が決まった。また『らき☆すた』と『けいおん！』は空気系（日常系）の文脈で語られ、ともに女子高生のまったりした空気で学園生活（日常）が描かれ人気作となった。

またこれらの京アニ作品は、ニコニコ動画で人気があるMAD動画（個人が編集した動画）の初期に、そのブームを牽引した。MAD動画は欧米のAMV（アニメ・ミュージック・ビデオ）と同じように、アニメの映像を編集し、それに楽曲をつけた動画があるが、どちらかといえばキャラクターをネタにしたものが多い。たとえば『涼宮ハルヒの憂鬱』の場合、ハルヒや長門だけでなく脇役の谷口や鶴屋さん、あるいはキョンを女体化したキョン子など。『らき☆すた』の場合だったら、こなた×かがみといった百合もある。要するにネタとして京アニのキャラクターが消費されたわけである。

しかしながらこれらは京アニが支持を受け「安定の京アニ」の異名をえた際の必要条件であって、十分条件ではない。十分条件を満たすだけのノウハウがあったからこそ時代の寵児《ちょうじ》たりえたのだろう。

それはたとえば、①作画のクオリティが高い、②キャラの一挙一動を巧みに演出、③女性スタッフが充実しているといった点があげられる。このうち③について付言すると、もともと京アニは虫プロダクションの八田《はった》陽子が創立者であり、取締役の池田晶子《しょうこ》と監督の山田尚子をはじめ、池田和美や堀口悠紀子《ゆきこ》が所属している。

元スタジオジブリの西村義明《よしあき》が発した一六年の失言、すなわち「ファンタジー映画は理想主義的アプローチが必要。したがって現実主義的な女性では無理」とは逆に、女性スタッフが充実しているからこそ、非常に丁寧な作画や演出がなされているとみることもできる。西村発言は木（ジブリ）を見て森（アニメ会社全体）をみずといった類の失言だろう。

またこれまでアニメの制作現場は東京一極集中だった。しかし京アニをはじめ、富山のP.A.WORKS（代表作は『花咲くいろは』『Another』など）や、大阪の

GoHands（代表作は『K』『COPPELION』など）のように東京以外に拠点を置く会社も、ゼロ年代半ばから注目を浴びている。

一〇年代に入り京アニが制作した作品は数多く、『日常』『氷菓《ひょうか》』『中二病でも恋がしたい！』『たまこまーけっと』『Free!』『境界の彼方《かなた》』『甘城《あまぎ》ブリリアントパーク』『響け！ユーフォニアム』『無彩限《むさいげん》のファントム・ワールド』がある。

どれも話題作であり人気が高い（一七年一月からは『小林さんちのメイドラゴン』も放映されている）。このうち女子高生の非日常的な日常を描いた『日常』（ベケットなどの不条理演劇に近い）や、人間の脳機能が変わったためファントム、つまり幽霊や妖怪、UMAなど、作中で人々が幻だと思い続けてきた存在がみえるという設定の『無彩限のファントム・ワールド』（脳科学で分析可能）も捨て難いが、アニメの文法やジャンルを更新したという意味では、『氷菓』と『響け！ユーフォニアム』の二作が意義深いと私は考えている。そこで『中二病でも恋がしたい！』を取り上げる前に見所を簡潔に指摘しよう。

『氷菓』における掟破り

『氷菓』の主人公は「やらなくてもいいことなら、やらない」がモットーの省エネな高校生・折木奉太郎《おれきほうたろう》である。

彼は姉の命令で古典部に入部し、好奇心が旺盛なヒロイン・千反田《ちたんだ》える（部長）の「わたし、気になります」の一言によりさまざまな事件を解決する憂き目にあう。この二人に、中学からの親友・福部里志《ふくべさとし》（ホームズ好き）と、彼に何度も告白する伊原《いばら》摩耶花《まやか》が部員である。

原作は米澤穂信《ほのぶ》の青春ミステリ「古典部」シリーズ。監督の武本康弘《やすひろ》によると、青春のほろ苦さを描いたという。原作の人気と相俟ってそれに視聴者が反応したからこそ人気を得たのだろう。ただし私は奉太郎と千反田のキャラクターや微妙な関係性の魅力もさることながら、とくに奉太郎に対する里志の思いに影（コンプレックス）があり、そこにも人気の秘密の一端がある気がした。

『氷菓』のような日常のなかにあるごく些細な謎を解明する本格ミステリのことを「日常の謎」（欧米のコージー・ミステリではなく日本独自のジャンル）という。これは探偵が殺人事件を解決するような血なまぐささはなく、むしろ日常に潜在する人間の心理描写に重点が置かれているため印象として地味であり、アニメ化には適さないと考えられていた（二〇一六年、P.A.WORKSにより初野晴《はつのせい》の「ハルチカ」シリーズがアニメ化された）。

ところが本作がその定説を覆した。とくに私が驚いたのは、映像の文法と演出の仕方であった。以下、フィルム・スタディーズ（映画研究）を援用して説明する。

通常アニメの場合も、映画と同じく映像の最小単位は「フレーム」（Frame、通称コマ）である。その上部単位は、次の三つからなる。

①ショット（Shot）：カメラにより連続して撮影された一続きの画面。※カメラといってもアニメの場合、仮想カメラ。

②シーン（Scene）：ショットとシークエンスの中間単位。一定の場所で一定の時間内にアクションが展開し、場所が変わるとシーンは変わったとみなされる。

③シークエンス（Sequence）：シーンがいくつか集合して構成されたもっとも大きな単位。このシークエンスを編集することで一本の作品（一話分）が完成する。

このうち演出で重要なのは①のショットであり、距離によるショット・サイズや角度によるアングルなどカメラの動きが、観客の心理に影響を与える。

第一話を例にしよう。

まず教室で折木と里志が会話するシーンでは、一八〇度ルールを逸脱したショットが使われ、なおかつハイアングルや間ショットも多用されている。一八〇度ルールとは、カメラの位置は二人（複数の場合もある）の登場人物を結ぶ一八〇度の線の外側（線を越えて内側に入ることは不可）から撮らねばならないとする古典映画のルールであるが、それを無視したということ。ハイアングルは、私たちが日常で体験する目の位置よりも高い位置から俯瞰したアングル。間ショットは通常、無人ショットというが風景や静物などをシーン転換の間に入れるショットのことである（『新世紀エヴァンゲリオン』や新海誠の作品でも多用されている）。

またショットとショットの連結が円滑でなく、唐突に飛躍する繋ぎ方をジャンプ・カットというが、それが靴箱のシーンなど二ヶ所で使用されている。

その結果、登場人物の心理描写を深めるだけでなく、作品自体のミステリ感を強める効果を上げており、ショットの切り替えによりリズムを生み、『氷菓』をみる視聴者の心を動かした。こうして毎週この映像の文法と演出法を発見するという楽しみを私たちへ提供した。フィルム・スタディーズの観点から考えても見事なアニメ化であったと思う。

『響け！ ユーフォニアム』における新基軸

つづいて『響け！ ユーフォニアム』。本作の主人公は、ユーフォニアム（低音パートを担う金管楽器、旋律も伴奏もできる柔軟性をもっている）演奏歴七年の高校一年生・黄前《おうまえ》久美子である。

彼女はクラスメイト二人と吹奏楽部に入部し、中学生時代に知り合い程度であったトランペット奏者・高坂麗奈《れいな》と再会する。また彼女たちを指導する顧問・滝昇《たきのぼる》の指導方針は妥協せず、コンクールの演奏メンバーも先輩・後輩に関係なく選考していくという厳しさであった。

原作は武田綾乃による青春小説。それをアニメ化した監督は石原立也《たつや》、シリーズ構成は花田十輝《じゅっき》で、この二人は『中二病でも恋がしたい！』のスタッフである（『日常』も彼ら）。制作の第一プロセスであるプリプロダクション（撮影前の作業段階）として、吹奏楽部やコンクール等の取材が綿密になされたため、部活の熱い空気が伝わる。また映像は楽器一つひとつの扱い方まで疎かにしてないので、吹奏楽部の部員経験者から納得する出来だという声も聞いた。

京アニといえば先述のように、『涼宮ハルヒの憂鬱』のようなセカイ系や、『らき☆すた』『けいおん!』のような日常系で、ゼロ年代後半に一世を風靡《ふうび》した。これらは萌えを喚起するラノベやマンガが原作のためもあり、往々にして家族や社会を描かず、また後者の場合、本格的な恋愛が排除され葛藤も不在だった。

ところが本作は文芸に重きを置いた青春小説が原作なので、語りが安定しており、その結果、吹奏楽部の活動を通して恋愛や葛藤が正面から描かれ、新たな展開をみせた。

具体的に指摘すると、①昨年度、吹奏楽部内で対立が起こり、部員の半数が……。②麗奈の父と顧問の父は旧知の間柄であったため麗奈は以前から顧問を知っており、恋愛感情が……。③コンクールのメンバー選考等では仲間同士の衝突が……。④三年生の田中あすか副部長が、全国大会を前に部活を……など。

ネタバレを避けるため曖昧に記しておくが、家族や進路、恋愛や葛藤といった青春時代特有の悩みを抱えつつ、吹奏楽コンクールの全国大会を目指す。その結果、複数のサブプロットに分岐しつつも目標が一つなのでメインのプロットが統合されるとい

図2-1

ゼロ年代			2015～16年
セカイ系	**『涼宮ハルヒの憂鬱』** 家族や社会の欠如	→	**『響け！ユーフォニアム』** 乗り越え
空気系	**『らき☆すた』『けいおん』** 恋愛が排除、葛藤も不在		

う効果を上げた。第二期の最終話に涙した方も多いだろう。

　このようにゼロ年代のセカイ系や空気系の欠点（萌えの観点では美点）が克服されるだけでなく、それらを乗り越え新たな次元へ私たちを運ぶかのような意欲作となった（**図2-1参考**）。しかも京アニクオリティの萌えを奮起するキャラデザで。これは新しい京アニスタイルといっても過言ではないだろう。

　以上の『氷菓』と『響け！ユーフォニアム』、そしてこれから論じる『中二病でも恋がしたい！』が、一〇年代の京アニを考える上で重要であることは論を待たない。

『中二病でも恋がしたい！』はラブコメか

　話は戻るが、京アニは〇九年に第一回京都アニメーション大賞を開催し、一一年にはＫＡエスマ文庫というラノベのレーベルを立ち上げた。その際、奨励賞のうち文庫本化したのが虎虎《とらこ》の『中二病でも恋がしたい！』であった。翌一二年にテレビアニメ第一期が始まり、中二病を真正面から描いた新感覚のラブコメとして人気を博した。

主人公は高校一年生の富樫《とがし》勇太である。

彼は中学生時代に「ダークフレイムマスター（闇の炎の使い手）」を名乗る痛い中二病（中二病に関してはつぎの項から詳述）だった。進学校の高校入学を契機として、その記憶を封印しようとしていたが、現役中二病の小鳥遊六花《たかなしりっか》と出会う。彼女は一つ上の先輩・五月七日《つゆり》くみんと、一つ下の後輩（中学三年生）で同じく現役中二病の凸《でこ》守《もり》早苗《さなえ》とともに極東魔術昼寝結社という名のサークルを作った。そんなある日、同級生のクラス委員長・丹生谷森夏《にぶたにしんか》が入部を希望する。それは凸守が所持している『マビノギオン』（森夏自作の闇聖典）を処分するためで、じつは彼女も中学生時代はモリサマーを名乗る痛い中二病だった。

以上の勇太、六花、くみん、凸守、森夏の五人が主要登場人物である。

まず原作との違いであるが、これは多々ある。

たとえば①アニメ版の新キャラクターとしてくみん（原作第三巻に登場する同姓同名のキャラクターは演劇部の部員）、凸守、六花の姉・十花《とおか》が造形された。これはアニメ化する上で勇太、六花、森夏の三人ではドラマが成り立たないとの判断からであろう。

②アニメ版では勇太と六花は同じ団地に住んでいるが、原作では各々一戸建て住宅に暮らしている。したがってアニメ版第一話の六花が上階からロープで降りてくるような、ラブコメ的な展開はなかった。

③アニメ版第一期では第七話以降の後半を使って描かれる六花の父の死をめぐるエピソード（作品内では「不可視境界線の彼方」と呼ばれる）が重要なプロットとなるが、原作第一巻では短く語られるのみ。これは中二病というものを正面からきちんと捉える意味において重要な逸話であると監督やシリーズ構成者が考えたゆえであろう。

結果としてアニメ版では、中二病を単なるラブコメに付加された要素ではなく、リアルと闘うための武器・武装という意味合いが強くなり、結果的に原作を凌駕するだけでなく、『とらドラ！』のような優れた純愛ドラマとなった。

また映像のクオリティが高いと話題となった主要登場人物による妄想バトルシーン

も当初のギャグの趣旨から、アニメ版の後半には深い意味を有するに至る。

なお一三年にはメインヒロインの六花視点で再構成した劇場版『小鳥遊六花・改〜劇場版 中二病でも恋がしたい!〜』が公開され、また一四年には原作第二巻をベースとした第二期『中二病でも恋がしたい! 戀《れん》』が放映されている。第二期には中学生時代に勇太と森夏を中二病にした七宮智音《しちみやさとね》が登場し一波乱あるが、個人的には単なるラブコメに堕《だ》した感があり、第一期のほうが優れていると思う。娯楽としては楽しめたが。

自意識と他者の存在

この作品で論ずるべきは中二病であろう。

これは九九年、伊集院光のラジオ番組のコーナー名に由来する。今日の定義として「思春期にありがちな世間一般の常識からずれた自意識過剰な言動」のことを指すが、思春期は第二次性徴期なので、大人になりたがらない心性が影響していると想像される。

中二病は一般的に三系統あるという。

①邪気眼《じゃきがん》系：自分には何か不思議な力があると考える中二病（邪気眼とは第三の目のこと）。
②DQN《ドキュン》系：ヤンキーや不良にみられる喧嘩自慢のような中二病。
③サブカル系：他人とは違う趣味趣向を自慢する中二病。

このうちオタクが関わるのは主に①の邪気眼系である（②はごく少数、③と重複するオタクは多数だと想像するが、妄想の度合い・強度の問題）。私見ではこの邪気眼系は近年細分化されており、さまざまな妄想設定がなされているとみている。この観点から『中二病でも恋がしたい！』の勇太、六花、森夏の三人の中二病を読み解いてみよう。

まず勇太の場合、その電波的行動から、「ダークフレイムマスター」の二つ名で妄想を闇ノートに書き留め、黒ずくめの服に身につけ「闇の炎に抱かれて消えろ！」との呪文を唱えていた。これは電波系と魔王系が折衷した中二病である。

この勇太に憧れた六花は、「邪眼《イービルアイ》」になりきる「邪王真眼《じゃおうしんがん》の使い手」である。右眼には魔力を宿した「邪眼」＝「金色の瞳」（もちろんカラーコンタクト）を封印するために眼帯をつけ、左腕には「刻まれた紋章」を封印するために包帯を巻いている。

図2-2

勇太	六花	森夏
ダークフレイムマスター	邪王真眼の使い手	『マビノギオン』
電波系 魔王系	邪気眼系 ゴス系 （凸守がサーヴァント） ↓ ゴシック精神	ケルト系 魔女系

＊凸守はミョルニルハンマーの使い手

これは典型的な邪気眼系なのだが、彼女はゴスロリファッションなのでゴス系でもあるといえるだろう。

そして森夏の場合、魔王系や邪気眼系ではないものの、「森夏」をもじった「モリサマー」の二つ名で妄想を『マビノギオン』に記していた。内容はケルト系あるいは魔女系であり、六花や凸守からは自分たちと敵対する「光のモノ」と設定されている（**図2-2参考**）。

以上の設定から、オタク系の中二病といっても多様性があることが分かるが、いずれも「自分は超自然的な力を有しているのだ」といったナルシシズム（自己愛）的な妄想がベースにあると考えている（もちろんDQN系やサブカル系も）。

ナルシシズムといえば、オーストリアの精神分

図2-3

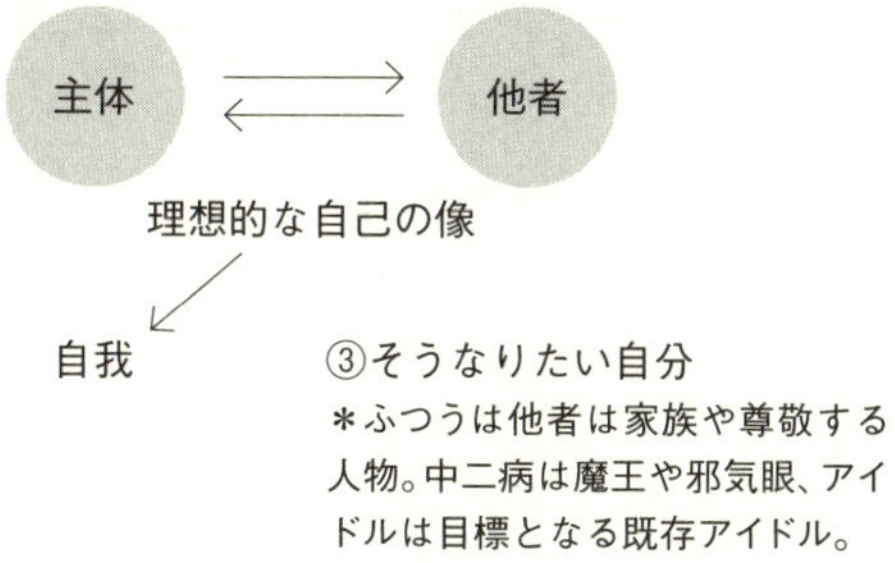

＊ふつうは他者は家族や尊敬する人物。中二病は魔王や邪気眼、アイドルは目標となる既存アイドル。

析学者ジークムント・フロイトが分析したことで有名だ。彼がこの概念に言及したのは、男性の同性愛者の対象選択（愛する他者を選択すること）を説明するためであった。すなわち同性愛者は「ナルシシズムから出発して、母親が自分たちを愛したように自分たちを愛そうとしてくれる若くて、自分自身に似た男性を求める」とした（ギリシア神話のナルキッソスが水面に映る美しい少年＝自分自身に恋したように）。

この真偽はともかく『ナルシシズム入門』によると、対象選択のうちナルシシズム型によるものでは、①現在の自分（自己自身）、②過去の自分、③そうなりたい自分、④自己自身の一部であった人物を人は愛するとした。

私たちの主体はこの四つの対象のうち、とりわけ③を模範として自己の像（イメージ）を獲得し、その像が自我となることで心的統一が実を結ぶ。このような像に主体（本人）が捉えられることが、ナルシシズムである。

オタクが関わる中二病の場合、この対象選択モデルが、電波や魔王（勇太）、邪気眼やゴス（六花）、ケルトや魔女（森夏）だと考えるとクリアになるが、この理想的な自己の像に過剰にとらわれた者が発症するのだろう（**図2-3参考**）。

ゴシック精神と中二病

ところで中二病とゴシック精神は世界観をともにする面があると思われる（とくにゴス系の中二病）。このことを証明するためにまず現役の中二病、六花のファッションに注目してみよう。

先述したように、彼女はゴスロリファッションである。

ゴシック文化は、①ゴシック建築（サン＝ドニ大聖堂、ノートルダム大聖堂など）、②ゴシック・ロマンス（ホーレス・ウォルポール『オトラント城綺譚《きたん》』、エドガー・アラン・ポーの作品、『ドラキュラ』『狼男』『フランケンシュタイン』、澁澤龍彦など）、

③ゴシック・ロック（バウハウス、ザ・キュア、マリリン・マンソンなど）から、④現在のゴスロリやゴスパンク＝「ゴス」までいくつかの変遷があり、それだけで一冊の本を書きうる。

とはいえこの多様なゴシック文化には、小谷真理や高原英理が指摘するように、一貫した世界観がある。

すなわち色彩は黒、時は夕暮れ、場所はゴシック建築か荒涼とした廃墟、時間は現在よりも過去である（その他、異形・異端・苦痛・死・損なわれた身体など）。これらの要素により「ゴシック精神」は形成されているが、この世界観は強い自意識に基づいているため、この世界に憧憬をもつ者は中二病的だといえるように思う。

他方、グループアイドルにも中二病的なグループがみいだされる。周知のように、ゼロ年代以降のポップカルチャーでは、グループアイドル戦国時代といわれるように数多くのグループが競い合っている。たとえばでんぱ組.incのリーダー・相沢梨紗《りさ》は中二病だったという。ただ彼女たちが主演した特撮映画『白魔女学園』をみていると、このグループ自体が中二病っぽいとも思えるが。

それはさておき、「僕」を一人称にして描かれた楽曲（歌詞）を女性アイドル（君）

が歌うＡＫＢ48がセカイ系だとすれば、ももいろクローバーＺ（以下、ももクロ）はアイドル戦国時代を生き抜くがゆえにサヴァイヴ系だと位置づける論者がいる（詳しくは巻末の参考文献）。その議論の延長で語れば、「ゴシック精神」を継承した中二病的なグループとして、アイドルとメタルの融合をテーマに二〇一〇年に結成されたＢＡＢＹＭＥＴＡＬがいると考えられる。

今日のＢＡＢＹＭＥＴＡＬの世界的な人気は、かつてマリリン・マンソンやスリップノットが異形のラウドロック（和製英語、ヘビーメタルやハードロックから派生したロックのジャンル）として登場し賛否を巻き起こした歴史が思い起こされるが、スウメタルの滑舌のよい歌声、モアメタルとユイメタルのキレのよいダンス、三人のキュートなルックス、それらが相まって支持を集めたのだと思う。

さて彼女たちのコスチュームは当初から六花と同じように、赤と黒のチェックを基調としたゴスロリ調であった。その後、コルセットを首に巻いたり、定番の鎧《よろい》型と赤パニエの組み合わせや、狐の面にゴスロリ風の着物などさまざまなバリエーションが加わったりと、和風のゴスメタルのイメージ作りに寄与した。

またメタルロック自体、自意識過剰であるという説もある（この辺は筆者も『別冊宝島』で歌詞論から論じている)。その延長線で考えてみるとBABYMETALはその正統な後継者といえるだろう。欧米ではキュートメタルと呼称される彼女たちは、メタルの神であるキツネ様のお告げにしたがって「メタルレジスタンス」として活動。ふだんの三人は世を忍ぶ仮の姿である。なおBABYMETALが指で狐を作る決めポーズ。よくみると悪魔のシルエット(人差し指と小指が悪魔の角)であり、中二病的な妄想を私はそこにみる。

整理すると、アイドル文化という日本独特なシステムのなかで既存のアイドルに憧れ、自分もアイドルを目指そうとすること自体、ナルシシズムが根底にあるのではないかと私には思われる。つまり先のフロイトのいうナルシシズム型対象選択のうち③の「そうなりたい自分」を模範として自己の像を獲得し、アイドルとなることで自己実現を果たすという案配だ(**図2-3参考**)。

ではそこに中二病がどのように関係してくるかだが、これは度合いの問題であろう。非現実的な世界観の構築という点において、AKB48よりももクロ、ももクロよりBABYMETALの方が中二病っぽいし、BABYMETALはゴス文化と関わり、ゴス系の中二病と重複するがゆえに、六花に近接すると考えられる。なおHysteric

Lolita、ＦＡＴＥ ＧＥＡＲや今注目のＢＡＮＤ‐ＭＡＩＤも、バンドのコンセプト等を考え合わせると中二病の雰囲気があるガールズ・バンドである。

※付言：ところで女性のアイドル文化やガールズ・バンドが中二病的なのは、アメリカの文学研究者アリス・ジャーディンのいう「ガイネシス」（Gynesis）で分析可能だと思う。これは「女」と「起源」の合成語で「女性性」がコード化（女性もしくは女性性が問題を孕むものとして言説に挿入）された空間のことである。ゴスロリにしろ、グループアイドルや先述のガールズ・バンドにしろ、人工的につぎはぎされたフェイクなシミュラークル（オリジナルとしての実態をもたない虚像）である。そのシミュレーション化された「ガイネシス」にファンはハマっているという少し穿った見方も可能であろう。もちろんそれはお約束であり、それを楽しめばいいわけだが。

高二病と大二病

中二病は先述のようにフロイトの提示したナルシシズムのメカニズムで分析可能だが、視点を変えると社会学のコミュニケーション論でも語りうる。

たとえばアメリカの社会学者チャールズ・Ｈ・クーリーがいう「鏡に映った自己」（Looking-glass Self）。クーリーによると、人間は社会関係を通じて形成される「社会的自我」（Social Self）を有するという。そこで「鏡に映った自己」という概念が

図2-4●クーリーの「鏡に映った自己」

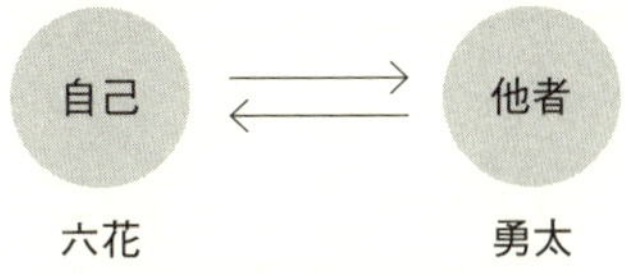

（鏡に映る自己の像）

他者の意識や態度が変われば
自己の像も変容。

提示されたが、これは他者という鏡に映っている自己の像により、他者が自分をどのように認知し評価しているかが分かるという考えである。たとえば『中二病でも恋がしたい！』の場合、勇太という鏡に映っている自己の像により六花は自分を知るわけであるが、当然のことながら勇太の意識や態度が変われば六花の自己の像も変容を遂げる。鏡なのだから（図2-4参考）。

あるいはアメリカの社会心理学者ジョージ・H・ミードがいう「アイ（I）とミー（me）との対話」。こちらはクーリーの考えを社会的行動主義の立場から再解釈したもので、「アイ（I）」は個人の内発的な反応、「ミー（me）」は他者の態度を内面化して、他者が自分に期待している役割を取り入れることによって形成される自我（Self）の社会的側面である。たとえば六花の場合、中二病がアイデンティティの核である。と

図2-5●ミードの「アイ（I）とミー（me）との対話」

アイ（I）	なりたい自分 中二病、大二病	六花は対話する、 私たちも（弁証法）
ミー（me）	他者に期待された自分 高二病	

ころが家族の誰かがふつうの高校生に戻ることを期待しているとしよう。その期待した役割を取り入れることで社会的自我となるわけである。

またフロイトがいう「そうなりたい自分」が「アイ（I）」にあたり、他者が期待している「ミー（me）」を抑圧することで中二病は発症するという解釈も可能である。以上の説明から社会学のコミュニケーション論でも中二病が分析ができることが分かるだろう。

なおこの中二病を高校入学後、黒歴史として過剰に嫌うことを高二病、大学に入ってから後に、中二病へ原点回帰してしまうことを大二病という。

勇太が中学生時代に「ダークフレイムマスター」を名乗る中二病だった記憶を、高校デビューのために封印しようとしたことや、森夏がモリサマーと称する中二病だった過去を捨てようとした行動が、典型的な高二病。これらはミード流にいうなら、過去になりたかった自分である「アイ（I）」を抑圧し、他者が自分に期待している役割を取り入れる「ミー（me）」の路線を歩もうとの決意に他ならない。

もちろん相当無理をしているわけで、あることがきっかけで中二病に回帰する場合もありうる。ちょうど勇太が六花と出会ったときのように。

他方、大二病は大学に入学したことで安心し、再び他者が期待している「ミー（me）」を抑圧し、「アイ（I）」の路線を選択したということだ。これは大学生時代というモラトリアムがなせる技だろう（もちろん半分大人なのでお約束でキャラを演じる場合が多い）。

多くのオタクは社会人になっても、妄想をエネルギー源とするので、中二病は大なり小なり宿命といえるかもしれない（**図2-5参考**）。

中二病サーガ

一〇年代に入り、中二病をタイトルに入れたり、オビの宣伝文句に使ったり、もしくは登場人物に中二病を配したりするラノベ作品は数多くある。読書案内として三冊紹介しよう。

まず昨坂《さくさか》まことの『俺達の中二病はまだ始まったばかりだ！』（一三～）は、高校一年生の男の子が邪気眼系の中二病女子と悪魔契約を結ぶ。その彼に、コスプレ好きのクラス委員長や二重人格の副クラス委員長が戦いを挑むというラブコメである。

また翡翠《かわせみ》ヒスイの『もう中二病でもいいもんっ！』（一五～）は、中二病の女の子が秘密組織に参加すると、その部隊の隊員には中二病のメンツが揃っていたという設定で、人の妄想の残骸から誕生した「妄想体」と戦うというバトルものである。わりと新しいタイプだ。

そして藤孝剛志《ふじたかつよし》の『姉ちゃんは中二病』（一三～）は、中二病の姉をもつ男の子が主人公。彼はある日を境に相手の頭上にその人の本質を表す文字が読める魔眼の持ち主となり、結果的に吸血鬼や殺人鬼の女の子との関係が生じる。やがて姉が部長を務めるサバイバル部に入部するという部活ものである。

三作ともつっこみどころ満載で楽しめるが、個人的には翡翠ヒスイ作がお勧めだ。

その他の作品として、中二病の女の子がノートに記したキャラクターが現出してバトルを展開する『あるいは現在進行形の黒歴史 －殺戮天使が俺の嫁？－』（あわむら赤光《あかみつ》著、一〇〜）、クリエーターはいつまでも中二病だという前提で専門学校を舞台とした『いつまでもChu〜に病』（くしまちみなと著、一二）、中二病患者を救済するため設置した中二病改善委員会を舞台としたラブコメである『その設定をやめなさい！』（葉月双《そう》著、一四）、中二病の社会人が異世界へトリップした『サラリーマン中二病』（山南葉《やまなみよう》著、一四〜）などがある。

なかにはわざわざ中二病を冠さなくても……と思う作品もあるが、これを機に一気読みするのも一興であろう。

またアニメ化された作品では、『異能バトルは日常系のなかで』（一四）が中二病アニメのもう一つの代表である。主人公は中二病の高校二年生・安藤寿来《じゅらい》。彼は文芸部に属しているが、他の四人の女子部員が異能に覚醒する。そこで彼女たちと異能バトルという名のラブコメを演じるという内容だ。彼の異能は黒い炎を操る黒焔《ダークアンドダーク》であるが、攻撃力がまったくないところに面白みがある。

他の作品にもごくふつうに中二病のキャラクターが登場している。たとえば『俺の妹がこんなに可愛いわけがない』（一〇、一三）の黒猫こと五更瑠璃《ごこうるり》、『僕は友達が少ない』（一一、一三）の羽瀬川小鳩《はせがわこばと》、『この素晴らしい世界に祝福を！』（一六、一七）

のめぐみん。これらのキャラクターは作品の要的なポジションにおり、物語世界を支えている。

　他方、次章で取り上げる『やはり俺の青春ラブコメはまちがっている。』（一三、一五）の材木座義輝《ざいもくざよしてる》をはじめ、『アイドルマスターシンデレラガールズ』（一五）の神崎蘭子、『ラブライブ！サンシャイン!!』（一六）の津島善子《よしこ》、『この美術部には問題がある！』（一六）の伊万莉《いまり》まりあ、『斉木楠雄《さいきくすお》のΨ難《サイなん》』（一六）の海藤瞬《かいどうしゅん》は、いわば作品の味つけ役を担当したキャラクターである。

　以上の例から分かるように一〇年代以降、中二病はキャラクター造形、あるいは物語の要素として不可欠となった感がある。またそれをラブコメだけでなく、バトルもの、部活もの、アイドルもの、異世界召喚ものといったジャンルで活かしていこうという方向性がみられる。ただしアニメ版『中二病でも恋がしたい！』第一期と比較すると、中二病になった原因や背景の考察が浅い作品が多いことは否めない。もちろん娯楽作としては充分な出来も多いし、この文脈のみで語る必要性はないが。

　またゴスロリの女の子が中二病という設定が多いので、ラノベやアニメではゴシック精神と中二病は近接して描かれていることの傍証にもなるだろう。ちなみにアニメ化された作品の八作中、五更瑠璃、羽瀬川小鳩、神崎蘭子、津島善子の四人がそれに該当する（一六年にアニメ化された『魔法少女育成計画』のハードゴア・アリスは中二病ではないがゴスロリ魔法少女として忘れ難い）。

このように各作品でそれぞれ重要度や設定は異なるものの、一〇年代のオタクあるいはポップカルチャーにおいて中二病は当たり前の風景と化している。

※付言：ところで文化人類学で取り上げられる文化英雄（Culture Hero）の伝説をご存じだろうか。たとえば有名なものが北米のネイティヴ・アメリカンのコヨーテであり、この動物はトリックスター（Trickster）の側面を有し、自然と文化、破壊と生産を仲介する。このような人類学の文脈、長いスパンで考えると、中二病に罹《かか》った者は、現代の文化英雄でありかつトリックスターでもあるといえそうだ。ゆえに中二病サーガは、今日の文化英雄たちを描いた英雄伝説なのかもしれない。

第3章　『やはり俺の青春ラブコメはまちがっている。』スクールカーストとぼっち

残念系

一〇年代のポップカルチャーで中二病とともに注目を集めたのが残念系（類語、がっかり系）である。これは、美男・美女、つまり容姿端麗で誰からも愛されるのに、性格・言動・趣味がどこか抜けて残念な人。またはそういうキャラクターをメインとした作品のことである。

評論家・さやわかのすぐれた分析をアレンジしながら語ると、残念の原義は、①残り惜しく思うさま、未練、②口惜しく思うさま、無念、といった形容動詞（活用のある自立語）である。口語では二〇〇四年頃から形容詞風に「あの人は残念な人」という具合に使われているが、〇七年あたりから「残念」に肯定的なニュアンスが加わる。

図3-1

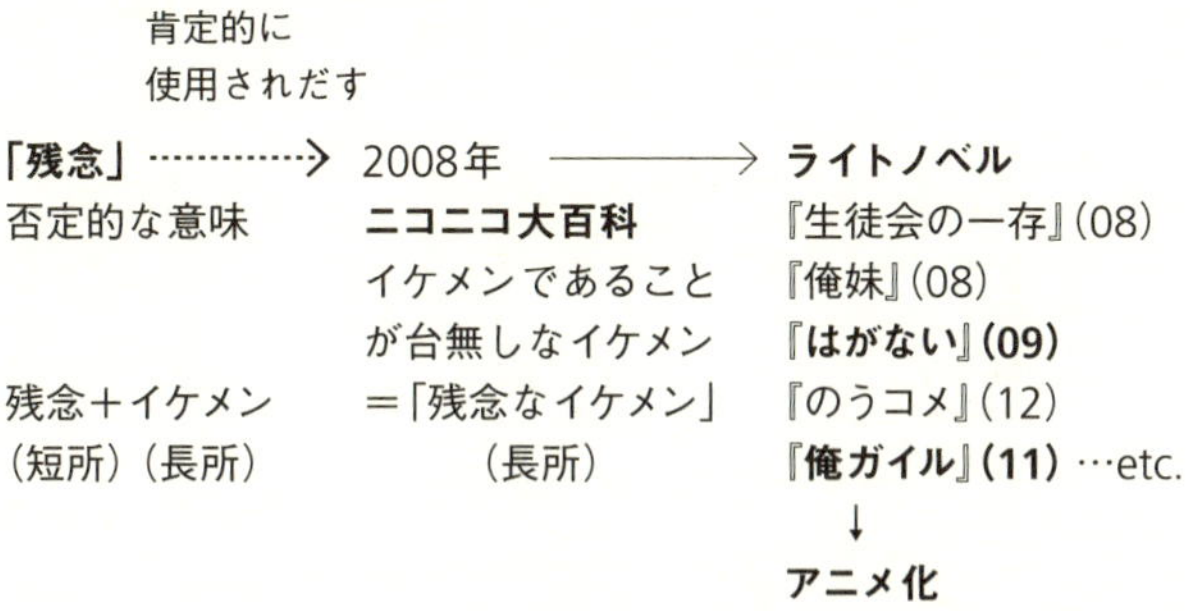

たとえばニコニコ大百科の「残念なイケメン」の項目では「イケメンであることが台無しなイケメン」と定義されているが、残念（短所）＋イケメン（長所）ではなく、残念なイケメンがそのまま長所という意味である。要するに残念なことがイケメンの付加価値となっているのだ（**図3-1参考**）。

作品の例として一一年にアニメ化された『僕は友達が少ない』（第一期、略称『はがない』）を取り上げよう。

原作は平坂読《よみ》によるラノベ、それを『バンブーブレード』『そらのおとしもの』で有名な斎藤久《ひさし》が監督、『咲-Saki-』『ブラック・ブレット』などの浦畑《うらはた》達彦がシリーズ構成を担当した人気作である。

主人公の羽瀬川小鷹《はせがわこだか》は聖クロニカ学園に編入したものの一ヶ月たっても友達ができない。放課後、エア友達のトモちゃんと会話する三日月夜空《みかづきよぞら》をみかけて、友達を作るために隣人部を創設する。外見がヤンキーな小鷹（日本人の父とイギリス人の母との間に生まれたハーフなため金髪）、中性的な美少女・夜空、そして理事長の娘・柏崎星奈《かしわざきせな》。この三人の高校二年生を中心に、その後、楠幸村《くすのきゆきむら》（男の娘《こ》）、志熊理科《しぐまりか》（腐女子）、羽瀬川小鳩《こばと》（小鷹の妹、邪気眼系×ゴス系の中二病）、高山マリア（一〇歳、顧問）と残念なメンツが集まり、といったプロットである。

メインヒロインの夜空と星奈は、容姿端麗で成績などはとくに問題がない。むしろ学園内のトップカーストに位置するリア充風の美人である。ところが夜空は態度がそっけない毒舌家、星奈はナルシストで高飛車な性格であるため友達ができない。つまりこの性格や言動の点で「残念な美人」なのだ。しかも星奈の場合、ギャルゲー好きという残念な趣味を有したりする。

©2011 平坂読・メディアファクトリー／製作委員会は友達が少ない

このような残念系でくくられる作品は一〇年代に数多くアニメ化された。たとえば残念な美少女だらけの『生徒会の一存』、美少女ゲーム好きのモデルの妹が登場する『俺の妹がこんなに可愛いわけがない』（略称『俺妹』）、「絶対選択肢」という能力のせいでモテないイケメンを主人公とした『俺の脳内選択肢が、学園ラブコメを全力で邪魔している』（略称『のうコメ』）、そして本章で取り上げる『やはり俺の青春ラブコメはまちがっている。』である。今のところラノベ原作で学園を舞台とした部活ものが多い（**図3-1参考**）。

なおロボットものでも残念なメンツが集まる作品がある。それが一三年の『銀河機攻隊マジェスティックプリンス』（キャラデザは平井久司《ひさし》）である。エリート機関で教育されたチームラビッツの五人の少年少女たちは、たとえば下手な美少女マンガを描いたり、味覚音痴だったりする。その結果、ザンネン5《ファイブ》と呼ばれて……。これは例外でありラノベ原作でもないので、残念系には通常含まれない。

スクールカースト

『やはり俺の青春ラブコメはまちがっている。』（以下『俺ガイル』）の原作は、宝島社が毎年刊行しているムック本『このライトノベルがすごい!』において、一四年から一六年にかけて作品部門にて三年連続第一位となった人気作である。原作者の渡航《わたる》によると、テーマは「ずばり青春である」という。事実、J・D・サリンジャーの『ライ麦畑でつかまえて』の主人公、ホールデン・コールフィールドが高校に留まっていたらこういう展開になったかもというほどの作品で、何年か後には青春小説の古典となりえるだろう。

さて本作の主人公は、千葉にある総武高校に通うぼっち(一人ぼっちのこと)の二年生・比企谷八幡《ひきがやはちまん》。

彼は生活指導の先生・平塚静《ひらつかしずか》から学校一の才色兼備・雪ノ下雪乃《ゆきのしたゆきの》が属する奉仕部(悩み相談が仕事)に入部するように命ぜられる。ふつうはラブコメ的な展開が待ち受けるはずだが、二人とも「残念」な性格がたたる。その後、リア充仲間の一人・由《ゆ》比《い》ヶ《が》浜《はま》結衣《ゆい》が入部。また脇を固める美少女のような男子・戸塚彩加《さいか》、オタクからも引

©渡 航、小学館/やはりこの製作委員会はまちがっている。続
イラスト:ぽんかん⑧

図3-2●スクールカースト(学内序列)

生徒会：会長は城廻《しろめぐり》めぐり→一色《いっしき》いろは
奉仕部：メイン三人の部活

国際教養科

美人×学力
雪乃
シンパ多数

普通科(F組)

ぼっち
八幡

リア充
葉山グループ(一軍)：結衣
相模グループ(二軍)：相模南

王子
彩加

一匹狼
川崎沙希

その他、中堅どころ女子、おとなしめ女子など

普通科(C組)

オタク集団
材木座(中二病)

＊葉山グループ：イケメンの葉山隼人《はやと》と女王様の三浦優美子を中心に、腐《ふ》女子《じょし》の海老名《えびな》姫菜《ひな》、ムードメーカーの戸部・大和・大岡らが属するF組のトップカースト。

かれる中二病・材木座義輝《ざいもくざよしてる》らが卒がなく配された残念系の青春群像劇といえばいいだろう（本作の舞台である千葉ネタ、八幡の妹・小町ラブなどがアクセント）。

まず作品の構造を支えているのは学校内の序列、つまり教育学者の本田由紀が命名したスクールカーストである。

これはランチメイト症候群（後述）やいじめの原因の一つとして考えられているが、自分のキャラクターを上手に演出し、仲間内の空気を読む者が上位のカースト、それができない者が下位に位置づけられ、その他大勢が中位という布陣を敷く。またこれは学力や運動能力とは別のコミュニケーション能力の多少に由来し、たとえ学力や運動能力に優れていても、仲間集団内でうまく振る舞わないと孤立する。

男子の場合、一般的に外見は重要で、男女から支持を集めるイケメンは上位に位置づけられ、フツメン（一般的なルックスの男子）やキモメン（「キモい」と中傷される男子）を従える傾向にあるように思う。

しかし女子の場合、高校で美人と誉《ほま》れ高くても、小中でいじめられた経験がある人がいるだろう。これはおそらく女性特有の仲間意識から排除されたのであるが、化粧などをおぼえ自分のキャラクターを巧みに演じられるようになったため高校デビューを飾ったものと考えうる（ジェンダーによる違いの研究は重要）。

それはともかく本作に登場するキャラクターのポジションを図示し、それを参考に以下、ぼっち、空気を読むこと、性悪説と性善説などについて考えたい（図3-2参考）。

ぼっち

社会心理学では、学校や職場で一人で食事をとることをぼっち飯、一緒に食事をとる相手がいないことに恐怖を覚えることをランチメイト症候群という（その結果、不登校や欠勤となり、退学や退職に追い込まれる場合もある）。

これは精神科医の町沢静夫が命名した用語で、〇一年頃マス・メディアにより取り上げられ話題となった。その原因は食事をする友達がいないと判断されること、つまり他者から向けられる視線にあり、集団から同調圧力（Peer Pressure）をかけられているわけである。トランスパーソナル心理学が専門の諸富祥彦《もろとみよしひこ》は、これを「ひとりじゃいられない症候群」または「孤独嫌悪シンドローム」と称している。

多方面で活躍する精神科医の和田秀樹はこうした若者が増えた原因に、以下のような複数のものをあげている。
①新学力観（内申書の主観評価）↓いい子が価値に。
②母親が公園デビュー世代↓自分の子を友達の多い子に育成。
③スクールカースト（学内序列）↓コミュニケーション重視。
④高校の中学化、大学の高校化↓単独行動の忌避。
たしかにどれもありうる要因であるが、〇五年後半以降のソーシャル・メディアにより解消された人もいれば、より孤立した者もいる。要するにコミュニケーション能力のある人は友達が多数、ない人はますます孤立の度を深める。コミュニケーション格差問題といっていいだろう。

翻《ひるがえ》って本作の主人公・八幡の場合はどうかというと、ぼっち（飯）を恥じる様子はなく、いわばぼっちが当たり前ということが前提となっている。その原因は、幼少の頃から一人が常態であったことや、中学生時代の告白の失敗などだが、他者からの期待や評価に対してさえ自罰的ともいえる反応を示す。この点でいえば自意識過剰なところがあることはたしかで、八幡の場合、あり余る自意識がぼっち意識を過剰に生んでいると考えたらいいだろう。

他方、雪乃の場合は幼少時から我が道を行くタイプで、小中では同性から疎まれいじめを受けた形跡がある。また八幡より複雑なのは家庭環境である。父が県議会議員で建設会社社長、つまり地元の名士で、母との確執や姉・陽乃《はるの》に対しては両義的な思いを抱いている。ゆえに世界を変えるため奉仕部に入部した。

英文学者の波戸岡《はとおか》景太は、『俺ガイル』のぼっちの共闘に労働者なき階級闘争を指摘している（学園モノ＝労働のない世界、スクールカーストは階級）。ただしその共闘ベクトルは真逆だと思う。つまり八幡は人間の醜い部分を強引に押すタイプ、対する雪乃は合理的な観点から問題解決を図るタイプである。波戸岡の欠点は、雪乃視点がないところだが、ノストフォビア（帰郷嫌悪）という概念でぼっちを分析した点が卓越している。

なお一〇年代にぼっちを主題としたラノベやマンガでアニメ化された作品に、女子高生の「喪女《もじょ》」（モテない女性）を主人公にした『私がモテないのはどう考えてもお前らが悪い！』（一三）や、人形を自称する電波系少女ものの『繰繰《ぐぐ》れ！　コックリさん』（一四）がある。両作品ともコメディが主体である。

またアニメ化されてないラノベ作品として、入間人間《いるまひとま》の『ぼっちーズ』（一〇）がある。タイトルがぼっちの複数形であることから分かるように、ぼっち達の群像劇で、彼らのゆるい絆を描いた。他には小岩井蓮二《れんじ》の『キミはぼっちじゃない!』(一一)、瀧津孝《たきつこう》の『戦国ぼっち』(一三～)、暁雪《あかつきゆき》の『ひとりで生きるもん!』(一四)、愛澤魅魂《みたま》の『ぼっちがハーレムギルドを創るまで』(一五)、門倉敬介の『女勇者が俺のクラスでぼっちになってる』(一五)、ファーストの『ぼっち転生記』(一五～)などがある。ぼっちもまた一〇年代の一大サーガを形成しつつある。

空気を読む

今や死語と化したかもしれないが、KY(空気が読めない人の略称)は〇六年頃から使用された。これは八幡や雪乃のように、周りに気を遣わない発言や行動をする人のことである。逆にいえば場の雰囲気を壊さないことが、ここ一〇年以上のトレンドとなっている。

たとえばTwitterでのコミュニケーションをみれば分かるが、バカッター(Twitter上で反社会的行動を行う一部の利用者)のような連中は別にして、概ね空気を壊さないツイートをしている。またもしある人が場の雰囲気を壊したツイートをした場合、空気を読んでスルーする人が多い。

『「空気」の研究』で知られる評論家の山本七平《しちへい》によると、かつて村社会では空気を読むという慣習があった。ソーシャル・メディアという新しい村社会（マーケティングアナリストの原田曜平《ようへい》がいう「新村社会」と類似）でそれが復活したとも考えられ、論理的判断よりも空気的判断を重んじ、「いいね」のように相互に共感し合うことが風潮となっている。

この観点からいえば、メインヒロインの片割れである結衣は、空気的判断に長けている。これはＦ組のトップカーストである葉山グループに属していることから、自分のポジションを維持するという側面はある。

ただし結衣は、クラスあるいは学校内外の誰とでもうち解けることができる。そのコミュニケーション能力の高さゆえに、奉仕部のぼっち二人、八幡と雪乃の欠けたところを補い、ときに所属グループの中核である葉山らとの仲介役を買っている。ごく一般の中流家庭で育った結衣は、少しギャル風なのだがピュアな部分があり、八幡が自罰的な、また雪乃が論理的な判断で空気を壊すのに対して、空気的な判断でそれらを修正するという役回りとなっている。

性善説と性悪説

この三人以外の登場人物でとりわけ重要なのが葉山隼人《はやと》の存在である。葉山はイケメンなだけでなく、成績優秀でサッカー部の部長を務めるスポーツマン。クラスを超えて学校のトップカーストに君臨し、正義感に溢れ人望がある。

ところで戦国時代中国の儒学者、孟子《もうし》は人間の本性は善であるとの性善説を唱えた。そして四端の心（あれみの心、悪を憎む心、謙譲する心、善悪を区別する心）を養い育てることにより、四徳、つまり仁義礼智が実現し人格が完成すると説いた。これに対して荀子《じゅんし》は人間の本性は悪であるとの性悪説を主張し、人間を善に向かわせるためには礼に基づく教育が必要だと説いた。

今日の世界に起こるさまざまな出来事を鑑みると、性悪説が正しいと判断され、荀子だけでなく彼の弟子の韓非子《かんびし》や李斯《りし》をも再評価する向きもあるようだ（主にビジネス書）。

それはともかく葉山は性善説、八幡は性悪説が行動原理（論理）のベースにあると表層的には考えられる。そういう意味で好対照のキャラクターなのだが、葉山の父は陽乃・雪乃の父の会社に雇われている顧問弁護士なので姉妹とは幼なじみであり、何やら過去に因縁がありそうだ。また八幡に対してしばしば「君が思っているほど、いい奴じゃない」と発言するなど屈託もある。

実のところ善と悪はともに人間の営みである。複雑化する現代社会において、ある善は悪に見え、逆に悪が善として機能することもある。たとえばある人を傷つけたとする。ところがその傷をバネにして新しい人生を切り開くこともある。

哲学では「偶有性」（Contingency）という用語があるが、あらゆるものは今日、確率論で決定する。クリストファー・ノーラン監督の『ダークナイト』（〇八）でトゥーフェイスが行うコイントスの硬貨のように、葉山の性善説と八幡の性悪説は、じつはコインの裏表の関係にあり、そういう意味で（海老名《えびな》的な意味でも）憎み合ってラブな繋がりである。

※海老名的な意味：海老名姫菜《ひな》は、葉山グループに属するＢＬ（ボーイズ・ラブ）好きの腐女子《ふじょし》。修学旅行編ではダークな一面をみせた。

意識高い系

私見だが、アニメ化されたエピソードのうち、特に意義深かったのは第二期第六話から第一〇話にかけて展開されたクリスマスイベント編だろう。

この逸話は生徒会長選挙の直後に、新会長の一色《いっしき》いろは（葉山に恋心を寄せる八幡の後輩）が持ち込んできた依頼で、他校の生徒会と合同でクリスマス会を催すという話である。八幡は選挙による奉仕部の不穏な空気を正せぬまま、最初は一人でいろはを手伝う。相手校の生徒会長も新人なためか段取りが悪く、なかなかイベントの具体的な事柄が決まらない。

しかもいわゆる意識高い系の用語（経営学やIT業界などで使われる用語）で議論が進められる。曰く、ブレインストーミング、イノベーション、カスタマーサイド、アウトソーシング……。

今日、意識高い系は「（笑）」の形で揶揄されるが、元リクルート社の常見《つねみ》陽平によると、「意識の高い学生」という言葉はゼロ年代半ばから使われていたという。最初はビジネスの世界に関心がある学生というニュアンスで肯定的に解釈されたが、ソーシャル・ネットワークの普及により揶揄する人々が現れた。

もちろん他校の生徒会のメンツが意識高い系のキャラクターに設定されたのは、ギャグの意味合いが強いのだが、いろはとの間に絆のような関係が生まれ、平塚から「君は人の心理を読み取ることには長けている」が「感情は理解してない」との指摘を受けた八幡は、チケットをもらい雪乃や結衣、いろはや葉山グループらとディスティニーランド（作中ママ）へ赴く。

ネタバレを避けるため細かい話は伏せるが、このイベントを契機としてメイン三人の関係性が良好になるという意味において、意識高い系の高校生を登場させたのは巧い演出（原作）だと思った。

ちなみに私は、経営学、たとえばピーター・ドラッカーのマネジメント論、W・チャン・キムらのブルー・オーシャン戦略、ジェフリー・ムーアのキャズムを超える、クレイトン・クリステンセンの破壊的イノベーション、ゲイブ・ジカーマンらのゲーミフィケーションなどは大学で学び、パーソナルブランディング（自己ブランド化）なども社会人になってから考えればいいと思う。むしろ学生時代は教養を深め、意識より自意識が高い位の人間（たとえば大二病）のほうが個人的にはつき合いやすい（皆さんがどうかは分かりませんが）。

それはともかく、この逸話以降、いろはもメインヒロインの仲間入りを果たしたし、葉山の進路問題やバレンタインデーイベントとともに『俺ガイル』の世界は終局に向けて変転してゆく。

ライトノベル

『俺ガイル』はライトノベル（以下、ラノベ）が原作である。

アニメと、原作であるラノベやマンガに、ある一定の選択基準を定めることは不可能である。万が一ラノベを原作としていても、アニメ化された時点でそれは監督やシリーズ構成者が制作した作品となる。またアニメが放映された時点で、アニメーターの手から離れ私たち一人ひとりの見解に基づく作品として生命を宿す。とりわけその視聴者がオタクの場合、いわゆるN次創作のネタとなり、原作から遠く離れた消費のされ方をする。

とはいえその権利を活用することで、アニメと原作との微妙な関係性を眺めることが可能であり、新たな魅力を再発見することができるのも事実であろう。

さてラノベは一九九〇年末、ネット管理者・神北《かみきた》恵太《けいた》が命名したもので、中高生を主な対象（諸説あり、実際には読者の年齢層は幅広い）とした読みやすい娯楽小説のことである。その歴史は、七三年の秋元文庫の創刊からはじまるが、本格的には七六年のコバルト文庫の刊行と、七七年から七八年にかけての高千穂遙《たかちほ》、新井素子《もとこ》や氷室《ひむろ》冴子《さえこ》の登場というのが定説である。

短い歴史だと思われそうだが、たとえば、SFだったらH・G・ウェルズやジュール・ヴェルヌ、ホラー、オカルトやミステリだったらエドガー・アラン・ポーからの流れがあり、欧米のそれらの歴史を考慮するなら少なくとも二〇〇年の歴史がある。したがって決して歴史が浅いわけではないのである。

また近年、『俺ガイル』のような大人が読んでも納得する作品が増えており、それに平行して一〇年代のアニメはこのラノベを基にした作品が増えている。本書で取り上げているアニメの七本中四本がラノベ原作であるのは、けっして偶然ではないはずだ（残り三本中一本はラノベのスピンオフであるマンガが原作）。

ラノベの特徴として、五点ほど指摘できる。

①大人でも子供でもない若者を読者として想定していること。

②口語的表現を多用していること。

図3-3

1.学園もの	『マリア様がみてる』、**「涼宮ハルヒ」シリーズ**、**『中二病でも恋がしたい!』**、**『やはり俺の青春ラブコメはまちがっている。』**、**『生徒会の一存』**など。
2.SF	『タイタニア』、『トリニティ・ブラッド』など。
3.ファンタジー	『グイン・サーガ』、『キノの旅』、**『ノーゲーム・ノーライフ』**、**『ソードアート・オンライン』**など。
4.ホラー・オカルト	『空の境界』など。
5.アクション	「ブギーポップ」シリーズ、**『デュラララ!!』**、**『とある魔術の禁書目録《インデックス》』**など。
6.歴史・伝奇	『十二国記』、『彩雲国物語』、『アルスラーン戦記』など。
7.コメディ	『撲殺天使ドクロちゃん』、『這いよれ! ニャル子さん』など。
8.ミステリ	『GOSICK －ゴシック－』、「戯言」シリーズなど。
9.ノベライズ	『ガンパレード・マーチ』、『ダンガンロンパ』など。

＊太字は本書で取り上げた作品。

③視覚に訴えるイラストを使用していること。
④マンガ、アニメやゲームなど他のポップカルチャーと深い関係性があること。
⑤文庫（ときに新書）が大半であること。
慧眼な読者は、②の口語的表現でサリンジャーの『ライ麦畑でつかまえて』などを思い起こす方もおられると思うが、この世界的な名作も青春時代を時期設定としていた。

また総じて④のポップカルチャー寄りであり、電撃文庫やガガガ文庫などラノベのレーベルから出版されている作品を総称している。

ラノベは多様のジャンルからなる。さまざまなジャンル分けが可能であるが、本書で取り上げた作品を考慮するなら、大きく分けて九つに分類できるだろう（**図3-3参考**）。ただし個々の作品にはさまざまな要素があり、『ノーゲーム・ノーライフ』のようにファンタジーといえどもそれがゲームの世界の出来事であったりする。したがって明確な分類は無理だ。とりあえず教養として身につけるべきジャンルという感じで受け取ってほしい（右図の9の原作はゲームで、それをラノベ化した）。

右図の8のミステリに関して、桜庭一樹、また西尾維新と同時期にデビューした舞城王太郎《まいじょうおうたろう》、佐藤友哉は「新潮」「群像」などの純文学系の文芸誌にも寄稿している。舞城と佐藤はミステリ畑の作家であるが、ミステリだけでなく、ライトノベル・純文学とジャンルを横断して活躍している（出自は違うが海猫沢《うみねこざわ》めろんらも）。

なおジャンル横断という意味で、現代詩人、最果《さいはて》タヒにも注目したい。小説には、魔法少女を扱った『かわいいだけじゃない私たちの、かわいいだけの平凡。』、地下アイドルが起こした殺人事件に際し、そのファンである男たちがとった行動を描いた『星か獣になる季節』などがある。この二冊を読めば骨の髄までポップカルチャーに冒された私のようなオタクにとって、魔法少女や地下アイドルはデータベース（東浩紀が『動物化するポストモダン』で提唱。物語でなくネコ耳や眼鏡など萌えの構成要素をデータとして蓄積し、消費するような受容の仕方）どころか、欲求充足の依り代となったということが分かると思う。

最果の作品もラノベ的であり（宇宙人の女子高生を主人公とした『渦森《うずもり》今日子は宇宙に期待しない。』にも注目）、今後純文学もラノベ世代（ラノベを読むことが教養と捉える世代）が育つことにより大きく変わっていく可能性がある。

ライトノベルが描くリアリズム

さてまた一六年、長月達平《たっぺい》の『Re:ゼロから始める異世界生活』がアニメ化され人気を博した。この作品はなろう系という新しいジャンルの小説（ラノベ）が原作だ（なろう系をラノベに分類しない飯田一史《いちし》の論もある。本書では紙面の都合で議論は控えたい）。

なろう系とは「小説家になろう」という小説投稿サイト、つまりネット小説から生まれたため、ラノベ2・0ともいうべき文学である（同様なサイトにKADOKAWAが運営する「カクヨム」などがある）。一〇年代から注目されているが、オタク（引きこもり）の主人公がいて、彼の満たされない願望を擬似的に満たしてくれる作品が多い。プロットとしては、何の取り柄もない主人公が異世界に召還されて、色々なことを経験し、問題解決を図ることで突然ヒーロー扱いされる、あるいは劣等生扱いされているけれどじつは秘められた力を有するといったものである。

長月達平『Re:ゼロから始める異世界生活（1）』、MF文庫J

アニメ化された作品として、一三年に橙乃《とうの》ままれの『ログ・ホライズン』、一四年に佐島勤の『魔法科高校の劣等生』、一五年に大森藤ノ《ふじの》の『ダンジョンに出会いを求めるのは間違っているだろうか』と丸山くがねの『オーバーロード』、一六年に暁《あかつき》なつめの『この素晴らしい世界に祝福を!』があり、それぞれ原作ともども評価が高い。

では(なろう系を含め)ラノベが描くリアリズムに関してどういう見方ができるだろうか。簡略にいえば三つの観点があるだろう。

第一は、〇〇年に評論家・大塚英志《えいじ》が命名した「まんが・アニメ的リアリズム」である。大塚によると、純文学は「自然主義的リアリズム」であるのに対して、ラノベはアニメやマンガという世界に存在する虚構を写生した文学であるという。極めてオーソドックスな見方である。

第二は、〇三年に哲学者・東浩紀が命名した「ゲーム的リアリズム」である。東によると、ラノベはキャラクターのデータベースを環境として成立している(データベース消費)がゆえに、ゲーム的/メタ物語的な存在であるという。たとえば『涼宮ハルヒの憂鬱』における長門有希《ながとゆき》を考えると、キャラが立っているからこそ二次創作のネタになる。またゲームはネットと同じように送信者と受信者が双方向的にコミュニケートするツールであり、それが出版という古い環境に侵入し、その境界で生みだされたのがラノベであるとした。

作品論として、東は桜坂洋《さくらざかひろし》の小説を例にあげ、ゲームプレイヤーが経験する物語の形を読み解く。要するに読者は視点キャラクターと同一化しながら作品を読むわけで、八幡視点の『俺ガイル』もノベルゲームに近いともいえる。

私は一人称単数視点の場合、東の考え方に基本的に賛同する。しかしながら三人称あるいは一人称複数視点、たとえば主人公である首なしライダーのセルティのみならず、高校生、カラーギャング、闇医者、情報屋、バーテンダー風など複数の登場人物各々の視点から物語が語られる成田良悟の『デュラララ!!』を例にあげれば分かりやすいが、この場合、視点キャラクターに自己同一化するだけでなく、複数のキャラクターの関係性を組み合わせながら作品を楽しむ人が多い（関係性消費）。これは複雑ネットワークの構造やソーシャル・ネットワークにおける作品受容に近いといえるので、これを第三の視点として「ネットワーク的リアリズム」と命名しておく。

たとえば私たちはTwitterで相互にフォローし合う。おそらく友達の友達繋がりみたいな形、アメリカの心理学者スタンレー・ミルグラムや、アメリカの社会学者ダ

図3-4

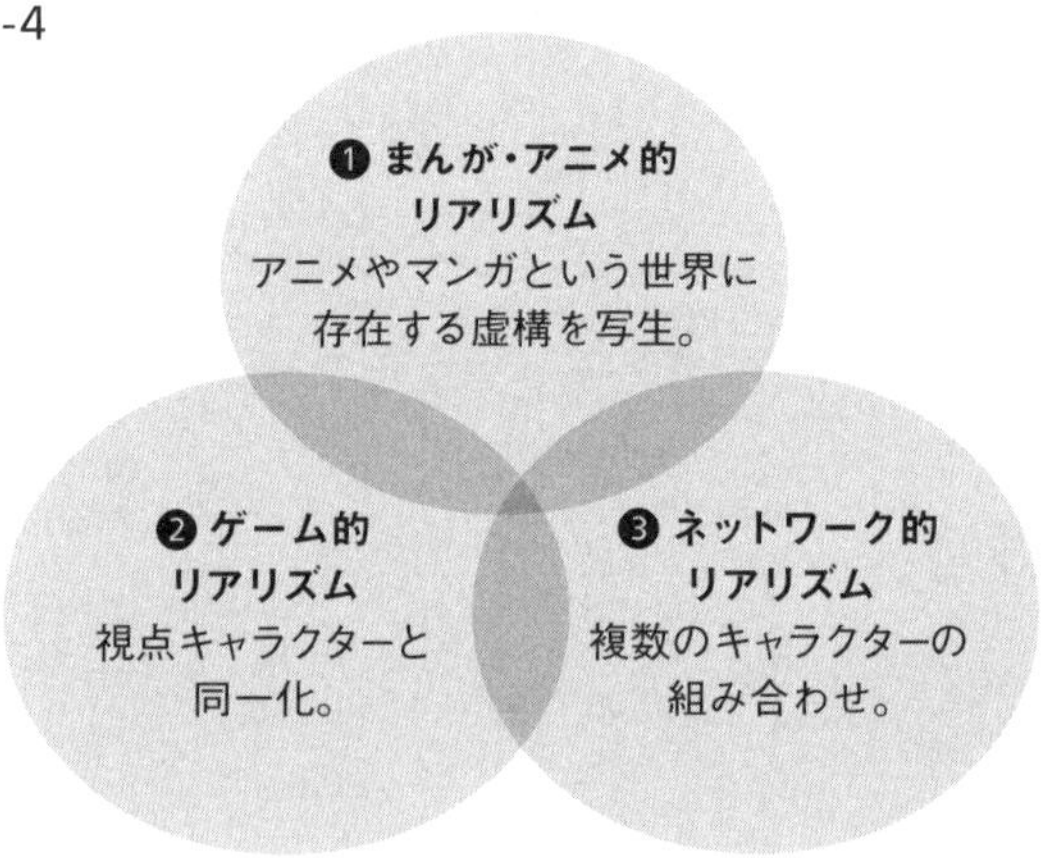
❶ まんが・アニメ的
リアリズム
アニメやマンガという世界に
存在する虚構を写生。
❷ ゲーム的
リアリズム
視点キャラクターと
同一化。
❸ ネットワーク的
リアリズム
複数のキャラクターの
組み合わせ。

※この３つのリアリズムは、作品によって相違するし、個々人の趣味嗜好によっても受け取り方が異なる。ただし、世代ごとに傾向は存在する。

❶ 60年代生まれの第１世代や70年代生まれの第２世代のオタク男子に多い。

❷ 80年代生まれの第３世代のオタク男子に多い。

❸ 全世代のオタク女子、90年代生まれの第4世代のオタク男子（ラブライバーなど）に多い。第５世代も同様だと推測する。

ンカン・ワッツらがいう「六次の隔たり」(Six Degrees of Separation) までいかず、「三次の隔たり」止まりだと思うが、社交的な中心人物が「ハブ」(Hub) となり、この人物から知り合いの「結節点」(Node) が繋がっていくわけである。要するにTwitterのような一極集中の構造は、そのようないくつもの「クラスター」(Cluster、集団・群れ) で維持されているのだ。

　このネットワークを使って私たちオタクは、複数のキャラクターの関係性を組み合わせながら作品を受容・シェアする場合が多い。たとえば『俺ガイル』の場合、人気キャラクターは雪乃と結衣、ついで彩加、最近はいろは、なかには川崎沙希《さき》という感じで、視点キャラクターである八幡に同一化せず、ただ関係性を妄想し、同好の士が「クラスター」を形成する場合が、オタク女子、あるいは九〇年代生まれの第四世代のオタク男子には見受けられる。これが「ネットワーク的リアリズム」である(**図3-4参考**)。

　ただしラノベの読み方は人それぞれだろう。これは『俺ガイル』にもいえることで、視点キャラクターの八幡と同一化する人もいれば、雪乃と結衣など複数のキャラクターの関係性を組み合わせながら読んでいる人もいる。またラノベのアニメ化やマンガ化（コミカライズ）の文脈でいえば、「まんが・アニメ的リアリズム」ともいえるので、この三つの重なるところにラノベのリアリズムを発見するというのが、最適解だろう。もちろん国、地域、世代、ジェンダーといった変数も考慮に入れると、自ずと読み方の傾向は異なる。

このようにラノベの読み方、メディア・スタディーズでいう受け手の「脱コード化」（Decoding、解釈）は、過剰に決定され、送り手である作家や編集者の「コード化」（Encoding、送付したいメッセージを生産・流通・消費のプロセスに組み込むこと）とは相対的に自律した契機である（つまり受け入れたり、拒否したりする場合もある）。多様に開かれた読みをつうじてリアリズムを提供する『俺ガイル』だからこそ、私たちは「交渉的な読み」（Negotiated Reading）をすることが可能なのだろう。

『俺ガイル』を読むことはたえずリアル（あるいはリアリティ）と向き合い対話することでもある。

第2部　ゲームの世界

第4章　『ノーゲーム・ノーライフ』ゲーム理論と社会適応

計算された色彩設計

二〇一四年にテレビ放映された『ノーゲーム・ノーライフ』（以下『ノゲノラ』）は、榎宮祐《かみやゆう》による人気ラノベが原作である。

榎宮はもともとマンガ家なので、本人自身がイラストを担当している。イラストは線が繊細でありながら、色彩が鮮やかという独特な絵柄で、他のラノベ作品が周りに平積みしてあろうともすぐ分かるほどである。したがってアニメ化される前に危惧したことは、この線の細やかさやカラフルな色遣いが果たして再現できるのかということであったが、それは第一話をみた際に杞憂に終わった。

監督のいしづかあつこは、女の子の心の機微や関係性を描いた『さくら荘のペットな彼女』や『ハナヤマタ』においても原作を損なうことなく（否それ以上に）アニメ化しており、本作においても強度と張力を維持しつつ、煌《きら》めきに満ちた絵柄を提示した。いしづかへのインタビューによると、キャラクターの線に赤色を混ぜたり、地の色と反対の色を使ったりすることで色数を増やす効果を上げたという。芸大のデザイン専攻出身のキャリアが活かされたため、色彩設計に優れた作品である。

さて本作の主人公は、「　」《くうはく》の名でゲームの世界では無敗を誇り都市伝説と化している兄妹・空《そら》と白《しろ》である。

空は長髪で、Tシャツにジーンズというラフなスタイルの一八歳。他方、妹の白は白髪に赤い瞳、セーラー服を着た一一歳の少女である。この二人は共依存（Co-dependency）関係にある。

共依存とは心理学者の信田《のぶた》さよ子が指摘するように、支配という概念を内包した関係性ではあるが、一般的には自分と特定の相手との関係性が過剰に依存し合い、それにとらわれている

©2014 榎宮祐・株式会社KADOKAWA メディアファクトリー刊／ノーゲーム・ノーライフ全権代理委員会

状態を指す。空と白は血は繋がらないが、両親が亡くなっているがゆえに相互に依存している。

とはいえ空による妹萌え、つまりオタク好みに調整されたイメージとしての妹（しかも幼女風）をフューチャーした作品に位置づけることもできよう。

これはイギリスのクライブ・ブロムホールらがいう動物行動学のネオテニー（Neoteny、幼形成熟）、つまり性的には成熟した個体でありながら未成熟な性質が残る現象と関係する。また民俗学者の柳田國男《くにお》がいう妹《いも》の力、すなわち古事記や日本書紀などで語られる玉依姫《たまよりひめ》のような男性に霊力を分け与える存在という見方も可能だろう。

榎宮へのインタビューによると、初期設定では主人公は一人だったという。つまり一人のキャラクターが分離したがゆえに、二人はコミュニケーション障害やゲーム廃人といった性格づけで共通するのだという読みも可能だ。これらは後ほど検討する。

ディスボード

本作は、空と白の二人が神・テトによりすべてが単純なゲームで決まる盤上の世界・ディスボードへ誘われるので、いわゆる異世界召還ものである。

まず人類種《イマニティ》の国・エルキアへ（ディスボードは一六種族《イクシード》が存在し、順位づけされている。人類種は最下位）。

エルキアでは次期国王を選ぶギャンブル大会が開かれており、前国王の孫娘ステファニー・ドーラ（以下、ステフ）と出会う。ステフをジャンケンで破りまず「惚れ」させる。ついで森精種《エルフ》のフィールと通じた人類種《イマニティ》のクラミーをチェスで破り新たなエルキア国王となる。その後、天翼種《フリューゲル》のジブリールを具象化しりとりで、獣人種《ワービースト》の初瀬《はつせ》いづなを電子ゲーム『ラブ・オア・ラベッド2』で破り（最終決戦の巫女《みこ》とのコイントスは引き分け）、エルキア連邦が成立する。空たちの目標は全種族が平和裏に共生しうる統一国家を樹立し、神・テトへの挑戦権をえることである。

アニメ版の展開は、原作の第三巻までなので、第四巻以降の物語には触れない（マンガ版の『ノーゲーム・ノーライフ、です！』を含め）が、伏線の張り方が巧みで予想外の展開が起こるとだけは述べておこう。

さてまたこの異世界には特徴が四つある。

第一に、かつて唯一神の座を賭けて戦った「大戦」に不戦勝した神・テトの意志に

図4-1●十六種族《イクシード》と主な登場人物

第1位 神霊種《オールドデウス》	第9位 妖精種《フェアリー》
第2位 幻想種《ファンタズマ》 アヴァント・ヘイム	第10位 機凱種《エクスマキナ》 シュヴィ
第3位 精霊種《エレメンタル》	第11位 妖魔種《デモニア》
第4位 龍精種《ドラゴニア》	第12位 吸血種《ダンピール》 プラム
第5位 巨人種《ギガント》	第13位 月詠種《ルナマナ》
第6位 天翼種《フリューゲル》 ジブリール、アズリール	第14位 獣人種《ワービースト》 いづな、いの、巫女
第7位 森精種《エルフ》	第15位 海棲種《セーレーン》 ライラ
第8位 地精種《ドワーフ》	第16位 人類種《イマニティ》 ステフ、クラミー

より、一切の戦争がなくなった世界であることだ。要するに不戦が実現した世界で、その代替がゲームということである。

　第二に、このゲームにはテトが定めたルール「十の盟約」があり、絶対遵守が求められている。

　第三に、テトによって知性がある存在と認めた種族は一六種おり、そのうち第六位以上は生命、第七位以下は生物に分類され、最下位の人類種《イマニティ》は魔法が使えない。

　第四に、この世界における魔法は星を覆う精霊の流れである精霊回廊に接続する神経回路によって使うことが可能になる。ところが人類種《イマニティ》だけがそれをもたない。それゆえ最下層に甘んじているわけである（**図4-1参考**）。

なお人類種《イマニティ》はテトによりイマニティ（Immunity）と名づけられているが、この英語には①免疫、抗体、②債務や兵役からの免除という意味がある。おそらく①の意味から命名されたと想像するが、最終的に他の種族を無害化または無力化するという含意があるのだろう。

ファンタジーの世界

『ノゲノラ』は基本的にファンタジー（文学）である。ファンタジー（Fantasy）には、①途方もない空想、夢想、②幻影、異様な心象という意味があるが、文学では神秘、魔法や超自然を扱った幻想的な物語を指す。要するに現実的でない事柄を文学という表象スタイルで顕在化させた作品を総称するものである。

ファンタジーは世界文学ではこれまで、①異世界を舞台とし魔法が力を有するハイ・ファンタジー（『指輪物語』『ナルニア国物語』『ゲド戦記』など）と、②現実世界を舞台としながらも超自然的な力が跋扈《ばっこ》するロー・ファンタジー（スティーヴン・キングの作品など）に分類されてきた。日本のラノベの場合、どちらも得意で数多くの作品があるが、『ノゲノラ』は前者のハイ・ファンタジーに分類される。

他方、現代ファンタジーはジャンル分けが容易ではないが、日本の場合、文学ではなくコンピュータ・ゲームによりファンタジー・ブームが起こった。それが一九八七年に発売された『ドラゴンクエストⅡ』（堀井雄二）と『ファイナルファンタジー』（坂口博信《ひろのぶ》）、つまりロールプレイングゲーム（以下、RPG）である。

前者の主人公は、（勇者ロトの血を引く）前作『ドラゴンクエスト』の主人公の子孫である。すなわちローレシアの王子は、サマルトリアの王子とムーンブルクの王女を見つけ、仲間として力を合わせ悪の大神官ハーゴンに立ち向かう。他方、後者の主人公は、コーネリアに現れた四人の光の戦士で、二〇〇〇年という時空の流れを延々と繰り返す世界（輪廻《りんね》）を解放するため旅にでる。

この二作によって空前のファンタジー・ブームが起こった。その結果、文学とは無縁だった大衆や、オタクを巻き込んだだけでなく、評論家の小谷真理も指摘しているように、数多くのファンタジー作家がこれを契機にデビューを飾っている。そしてその後発世代が現在、ラノベの作家としてファンタジーを描いているのだという見方ができる。

以上のように日本の場合、ゲームの世界を知らずして、ファンタジー（文学）は語れないわけである。

ただ注意したいのはRPGは元来、アメリカ生まれのテーブルトップゲーム（コンピュータを用いず、サイコロなどの道具を用いて人間同士の会話とルールに従って遊ぶ。日本ではテーブルトークRPGと呼称）から派生したものという点である。

その最初のテーブルトップゲームが、ゲイリー・ガイギャックスとデイヴ・アーンソンがデザインした七四年の『ダンジョンズ&ドラゴンズ』である。

これは審判役であるゲームマスターが提示した物語を、プレイヤーが人間、エルフ、ドワーフなどの種族、ついでファイター（戦士）、ウィザード（魔法使い）、クレリック（聖職者）、ローグ（盗賊）などのクラスを選択し、そのプレイヤーキャラクターを通じて体験するゲームだ。

コンピュータRPGはシステム上の制約があるため不自由なのに対して、テーブルトップゲームの方はそれがないので自由度が高く、『ノゲノラ』の世界に通ずる。

このように『ノゲノラ』は、単にハイ・ファンタジーの文脈だけでなく、ゲーム・ファンタジーの流れで捉えるべき作品である。この点で一三年にアニメ化された竜ノ湖太郎原作の『問題児たちが異世界から来るそうですよ？』との共通性が指摘できると思う。

『ノゲノラ』に登場するゲーム

本作に登場するゲームは、①古典的なゲーム、②現代のコンピュータ・ゲーム、③異世界ならではの風変わりなゲームの三つに分類できるが、ここではストラテジーゲームのチェス、具象化しりとり、存在オセロの三つについて分析する（図4-2参考）。

まず第三・四話に登場したチェスは、エルキア国王の座をめぐり、森精種《エルフ》のフィールと通じた人類種《イマニティ》のクラミーを相手に戦ったゲームである。

白黒一六個ずつのコマが意思をもつという変則性があり、プレイヤーが命じても思い通りに動かない。そこで空はこれはリアルタイムストラテジー（リアルタイムにプランを立てながら敵と戦うコンピュータ・ゲームの一種）であると看破する。彼はチェスのコマとは兵士であるとの前提で一計を案じ、この戦で功績を上げた者には「好きな女と○○る権利」を与えると約束し攻略してゆく。

対するクラミーは洗脳魔法を発動するが時すでに遅く、空は恋愛シミュレーションゲームの要領で敵のクイーンを味方につけ内部崩壊に導く、といった展開である。異

図4-2

話数	ゲーム	対戦相手
第1話	MMORPG オンラインチェス *ポーカー*	Night Opera テト 酒場の女
第2話	ジャンケン	ステフ
第3・4話	**ストラテジーゲームのチェス**	クラミー
第6話	**具象化しりとり**	ジブリール
第9話	**存在オセロ**	クラミーとフィール
第11・12話	FPS *コイントス*	いづな 巫女

＊太字は分析、斜体はゲーム理論絡みで後述する。
MMORPGとFPSは第5章を参考に。

世界ならではの風変わりにアレンジされたゲームを、コンピュータ・ゲームで培ったノウハウを応用して撃破したといえばいいだろう。

つぎに第六話で登場した具象化しりとりは、天翼種《フリューゲル》のジブリールを相手に戦ったもので、天翼種《フリューゲル》にとっては伝統的ゲームである。

ルールは「口にしたものがその場にあれば消え、無ければ出現する」というしりとりで、「水爆→久遠第四加護《クー・リ・アンセ》（森精種《エルフ》の最上位封印術式）→精霊回廊→馬」というワードで始まり、最終局面では「空気《エア》→大気圏《アトモスフィア》→闇弱《あんじゃく》→クーロン力」という言葉で終わる。

この最終局面を解説すると、まずジブリールが発した「空気」で酸素を残しすべての気体が消滅するが、空と白は「大気圏」を唱えることで酸素まで消滅させ、ある行為で二人は生き残る。そこでジブリールは「闇弱」（ものの道理が分からず、気力が乏しいこと）を叫び、それに対抗し窒息させようとするが、最後は「クーロン力」（二つの荷電粒子間に働く力）の消失によって極超新星爆発が起こり、結果として空と白が勝利を手にする（未見の読者にはさっぱりだと思うので、雰囲気だけ理解してもらえれば可）。

天翼種《フリューゲル》の伝統的ゲームを、天翼種《フリューゲル》が知らない現代科学の知識（大気圏とクーロン力）を活用して薄氷《はくひょう》の勝利を収めたということだ。こうしてジブリールは空に忠誠を誓うこととなる。

そして第九話に登場したオセロは、ジブリールが動力源を提供し、クラミーを護る森精種《エルフ》のフィールが編んだゲームで、ルールは相手のコマを裏返すことで存在、すなわち五感、肉体や記憶を奪い合うというものである。

オセロは（後述する）ゲーム理論でいう二人零和《れいわ》有限確定情報ゲームであり、理論上は先読みが可能で、双方のプレイヤーが最善の手を打てば、必ず勝ちか引き分けかが決まる（オセロは概ね後手必勝）。

そのすべてを空は読み切り、記憶を取り戻した白に最後の三手を任せ、見事に逆転する。結果としてクラミーとフィールは二重スパイとして協力者となる。

以上の三例のように、古典的なゲーム（チェス、しりとり、オセロ）を異世界ならではの一風変わったゲームにしたものを、コンピュータ・ゲームのノウハウ、現代科学の知識やゲーム理論を駆使することで、空と白は勝利者となる。またこれらすべては情報が示されていない不完全性情報ゲームなので、その過程に紆余曲折があり、ゲームの行方が分からずとてもスリリングで、他のゲーム・ファンタジーと比べようがない。

痛快無比という表現は『ノゲノラ』のためにある。

『ノゲノラ』とゲーム理論

『ノゲノラ』の空と白による勝利の方程式はきわめて論理的である。

原作者の榎宮はゲーム理論（Game Theory）を巧みに導入している。あるいはその知識にかなり知悉《ちしつ》しているようである。

ゲーム理論とは、二人以上のプレイヤーの意志決定や行動を分析する理論のことである。これはアメリカの数学者ジョン・フォン・ノイマンを祖とするが、今日、政治学・経済学・社会学・心理学だけでなく、脳科学や人工知能などへも応用されておりホットな理論である。この理論をラノベに持ち込んだと考えうる。

簡略にその歴史をひもとくと、初期はオセロのような二人零和有限確定情報ゲーム、つまり利害が完全に対立するものの研究が主であったが、しだいに対立だけでなく協力を織り込んだゲーム理論が登場した。

アメリカの数学者ジョン・ナッシュのナッシュ均衡が有名で、これは自分も相手もお互いに相手の予想通りの戦略を選ぶことが、両者にとっての最善になる状態を指した。

ナッシュ均衡は『ノゲノラ』の場合、第一二話における、東部連合すべての領土と獣人種《ワービースト》の権利保障を賭けたコイントスが該当する（図4-2参考）。空の相手である獣人種《ワービースト》の巫女は、血壊《けっかい》（体内の精霊を暴走させる特殊能力。もともと高い身体能力をさらに向上させる）を用いてコインが裏で止まることを予測するが、空は石畳の石を動かして隙間を作り、そこにコインを挟ませた結果、引き分けに持ち込む。こうして東部連合が平和的にエルキア連邦に入ったわけである。

その後、ゲーム理論はアメリカの経済学者トーマス・シェリングにより戦略活用行動という概念を発生させ、交互行動ゲームや同時進行ゲームの分析が主となる。

たとえばアメリカの経済学者アビナッシュ・ディキシットらの研究がそうであるが、『ノゲノラ』と関連させていえば、同時進行ゲームよりも交互行動ゲームにおける戦略的思考が重要性を帯びる。

たとえば第二話で登場したステフを相手にしたジャンケンは交互行動ゲームの一種である（チェスやポーカーもこの範疇。他に将棋・囲碁・麻雀など）。ジャンケンにはグー・チョキ・パーの三つの選択肢があり、原則的に強い・弱いは存在しない。ところがゲームを支配しているルールを変えること（パーしか出さないという宣言）で空は勝ちをえた。ディキシットらがいう戦略的思考、すなわち相手がこちらを出し抜こうとしているのを承知した上で、さらにその上をいく技が勝負を決めたわけである。

またゲーム理論は、カジノでプレイするポーカーを分析するためにノイマンが生み出したという逸話から分かるように、ブラフ（Bluff、はったり・威嚇）によるチート（Cheat、詐欺をする・ペテンにかける）が戦略上必須である。第二話のジャンケンでステフの感情を操った際の空の表情は、チーター（Cheater、詐欺師）のそれであった。

アスペルガー症候群？

さて空と白の人物設定は、次の通りである。

兄—空。一八歳・無職・童貞・非モテ・コミュニケーション障害・ゲーム廃人。
妹—白。一一歳・不登校・友達無し・いじめられっ子・対人恐怖症・ゲーム廃人。

先述したように『ノゲノラ』の初期設定では、主人公は一人だった。そこから類推して一人のキャラクターが分離したがゆえに、二人はコミュニケーション障害やゲーム廃人といった性格付けで共通するのだと述べた。文字どおり二人で一人の「　」《くうはく》なのだ。

他方、九〇年代半ばからゼロ年代にかけて兆候はあったものの、一〇年代に入りコミュニケーション障害や新型うつ病、境界性パーソナリティ障害、アスペルガー症候群、注意欠如多動性障害（ＡＤＨＤ）などに関するさまざまなアプローチの本が出版されている。これらに関連して不登校や学級崩壊を論ずる人も多い。

そこで今回は兄の空の人物設定である「コミュニケーション障害」に着目しながら分析しよう。ただし彼のもつコミュニケーション障害という設定は、医学的なものというより、どちらかといえばネット上で使われる俗称「コミュ障」に近い。これは重度の人見知りで人とまともに話せない、異性と話すのが苦手、自分の意見を押しつけがちなどの意味合いで使われるものだ（医学上のコミュニケーション障害は、そもそも言葉を扱うことに対して障害が発生する）。

まず空がアスペルガー症候群（Asperger Syndrome、ＡＳ）に該当するか否かを考えてみたいが、これは行動やコミュニケーションの仕方（つまり社会的適応）に問題を抱えた自閉症スペクトラム障害の一種とされるものであり、ネット上では「コミュ障」と混同して使われることもある。しかし、コミュニケーション障害はそもそも発達障害ではないので、同列にするのは間違いだ。

アスペルガー症候群は日本では〇九年以降、精神科医の岡田尊司《たかし》による一連の著書により注目された。これは発達障害の一つであり、岡田の定義によると、三つのタイプがあるという。

1．一方的に自分の興味があることなどを喋り続ける積極奇異型。

2．必要がない限り他者に関わらない受動型。

3．周囲への関心自体が乏しい孤立型。

この三つタイプの共通点として、対人関係が不器用で、特定の分野で卓越した興味と知識をもつとしている。

たしかに空は、自信に満ち溢れた煽り方や饒舌な演説などをみる限り、1の積極奇異型のような気がするが、異世界で様々な体験をするなかで空気を読むような行動をとる場合もある。ゆえにアスペルガー症候群であるとはいい難いだろう。ネットで空を「アスペ」と呼ぶ人がいたが、それにも異議を唱えたい。なぜかといえば発達障害の可能性がないからだ。ゆえに空に限っていえば、やはり「コミュ障」という意味での「コミュニケーション障害」という設定がピンとくるだろう。

また空には、ゲーム廃人といってもゲームのやり過ぎで社会から落伍《らくご》した自分自身を自嘲しつつ誇るメンタリティが窺え、「中二病」（第2章参考）、「残念」や「ぼっち」（第3章参考）と同じように肯定的なニュアンスが強いように思える。つまり廃人であることがゲーマーである空にとっては付加価値なのだ。
したがって空は「ゲーム廃神《はいじん》」と呼称した方がよいキャラクターだろう。

コミュニケーション障害と引きこもり

今述べたアスペルガー症候群を（他、新型うつ病、境界性パーソナリティ障害、注意欠如多動性障害なども）論じる人はほとんどが精神科医である。したがって臨床医の立場から通院してきた患者の診察を通してアプローチする場合が多いため、必ずしも社会の大局を捉えていない印象がある。私の個人的見解ではあるが、現代人の大半は大なり小なりコミュニケーション障害（「コミュ障」的な意味、以下同様）の傾向を有しており、これが障害だから改善したり特性を活かしたりしようと考えるのは、必ずしも現実に即していることばかりではないように思う。

またネットで変わり者が「アスペ」と呼称されることにも違和感がある。とはいえ心理学者で霊長類学研究の第一人者・正高信男《まさたか》のコミュニケーション障害に対する考え方は独特だが、まっとうな議論に思えるので傾聴に値するだろう。

正高によると、ふつうの人間よりむしろコミュニケーション障害のほうが、他の動物より進化した人間として、もっとも人間的な存在であるかもしれないという。たとえば原始時代、人間を取り囲む環境は危険や脅威で溢れていた。そこでその恐るべき自然を不断に管理・支配するため、私たちの祖先は高度な文明を築き上げた結果、今日の人間のライフスタイルは生物としてのそれとはかけ離れた段階までできた。正高の言を借りると「人工物が身の回りに氾濫し、自分自身の安全を確保するために、自らの五感をフル活用する必要のない世界へと、自分たちで作りかえ」たわけである。

要するに社会あるいは人類史という大局からみると、コミュニケーション障害であっても生きていける今日の環境は、そのような人たちにとって生きやすい方向へ変わったからこそ増えたともいえよう。

また正高によると、引きこもりは適応的な対処法であるとの解釈も可能だという。ヒトを含んだ霊長類の社会全体から考えると、特定のテリトリーを占拠するなわばり意識というものがある。そう考えると、引きこもることで特定の空間に心を通わせ、安心感をえることはなわばり意識の発露と考えることもできそうである。

あるいはユング心理学の砂遊び療法を継承した箱庭療法（Sandplay Therapy）。これは箱庭を作ることによってリハビリをする医療行為で、心理学者の河合隼雄《かわいはやお》などが奨励した。したがって好きなキャラクターのグッズやフィギュアなどを飾った「オタク部屋」のようななわばりや箱庭は一種のセラピーとして機能しているのかもしれない。

正高も例示していたが、アメリカ生まれで、チェスの世界チャンピオンだったボビー・フィッシャーは、二〇年にわたり引きこもり生活を送ったという。クイーンやナイトをわざと捨てるという離れ業や、チェス960という変則チェスを考案したことで有名だが、『ノゲノラ』の第三・四話におけるストラテジーゲームのチェスをみたとき、彼のことを思いだした。

かつてレオナルド・ダ・ヴィンチやアインシュタイン、尾形乾山《けんざん》や伊藤若冲《じゃくちゅう》が、周囲とコミュニケーションを図らずとも平気だったように、空もまた自我を貫き通していく強さがある。同じように、現代社会においてコミュニケーション障害を抱えるような人であっても、ある領域では弱さが強さに転化し、社会を牽引するチャンスもあるだろう。『ノゲノラ』をみたり読んだりするときに感じる高揚感は、「戦略的思考」さえあれば勝ちをえることが可能だという希望に裏打ちされていると思う。

なお「メタルギア」シリーズで有名なゲームクリエイターの小島秀夫は、物語を文化情報の伝達単位であるミーム（Meme、mimic + -eme なので模倣素）と捉え、次世代に思想を伝えるものとしてゲームを創造した。また近年、英語圏ではバイラルループと同じようにネットを通じて人から人へと模倣または感染して拡がっていく行動のことを、インターネット・ミームと称している。これはマインド・ウイルスとして、ミームが多くの人々の心に拡散していく現象でもある。

マインド・ウイルスのように『ノゲノラ』に罹病すること。

それは本作がコミュニケーション障害や引きこもりにとって、戦略的思考を促すだけでなく、文化情報を次世代にも伝えるミームだからである。マイナスイメージで語られがちな引きこもりは、多くの現代人にとって正統なライフスタイルであり、高度な文化的ふるまいという見方もできるだろう（もちろん苦しんでいる本人・家族もいるので配慮が必要だが）。

第5章　『ソードアート・オンライン』オンラインゲームと一人称視点

『ソードアート・オンライン』のゲーム世界

前章からのゲーム繋がりで、本章では『ソードアート・オンライン』（以下『SAO』）を取り上げる。世界的に人気の高い作品だ。

『SAO』の原作者は川原礫《れき》で、そのベースはもともと自身のウェブサイトで掲載していたオンライン小説であった。その後『アクセル・ワールド』が〇八年、電撃小説大賞において大賞を受賞したことにより、大幅な加筆修正が施され刊行の運びとなった。その人気ラノベが、二〇一二年から『世紀末オカルト学院』や『銀の匙《さじ》』で有名な伊藤智彦を監督にしてアニメ化されたわけである。

じつはこの作品には作画監督が二人（足立慎吾と川上哲也）おり、また第二二話の絵コンテは『とある科学の超電磁砲《レールガン》』（第6章）の監督である長井龍雪《たつゆき》が、第二三話のそれは『ギルティクラウン』の監督である荒木哲郎が担当している。優秀なスタッフが参加することで期待を裏切らない名作に仕上がった。

原作ではVRMMO（Virtual Reality Massively Multiplayer Online、仮想現実大規模多人数オンライン）を基本とした四つのゲーム世界が主な舞台である（**図5-1参考**）。このうちアニメ化されたのは、①アインクラッド編、②フェアリィ・ダンス編、③ファントム・バレット編である。なおキャリバー編とマザーズ・ロザリオ編は②の世界、すなわち「ALO（アルヴヘイム・オンライン）」を舞台とした外伝であり、第二期に③とともに放映された。

主人公はいずれもキリトという少年（「SAO」開始時点で一四歳）である。

現実世界で桐ヶ谷和人《きりがやかずと》という名をもつ彼は、生後まもなく事故で両親を失い、亡き母の妹夫婦の養子となる（一歳下の義妹が直葉《すぐは》）。一〇歳の時に自分の素性を知って以降、自己と他者との隔た

ⓒ川原 礫／アスキー・メディアワークス／SAO Project

図5-1

❶ アインクラッド編

舞台：ソードアート・オンライン（Sword Art Online）

ヒロイン：アスナ

備考：Aincradとは具現化する世界という意味。

❷ フェアリィ・ダンス編

舞台：アルヴヘイム・オンライン（ALfheim Online）

ヒロイン：リーファ

備考：Fairy Danceとは妖精のダンスという意味。外伝のキャリバー編とマザーズ・ロザリオ編の舞台でもある。

❸ ファントム・バレット編

舞台：ガンゲイル・オンライン（Gun Gale Online）

ヒロイン：シノン

備考：Phantom Bulletとは幽霊弾丸という意味。

❹ アリシゼーション編

舞台：アンダーワールド（Under World）

ヒロイン：アリス

備考：Alicizationは造語で、アリス化という意味。

＊AincradはAn Incarnating Radiusの略。
Radiusは区域なので世界としたのは意訳。

りを感じだし、やがて人間関係を忌避するようになる。その結果、ゲーム中毒者、いわゆるゲーム廃人（ネトゲ廃人）になったという。容姿は黒髪で中性的な線の細い顔つきであり、日本人好みの造形となっている。

他方、各編でパートナーとなるヒロインが異なるが、①のアインクラッド編で登場したアスナ（「SAO」開始時点で一五歳）が『SAO』全体をとおしてメインヒロインである。

現実世界で結城明日奈《ゆうきあすな》という名をもつ彼女は、キリトとシステム上の結婚を交わし、現実世界でも恋人になる。容姿は栗色のロングストレートヘアで小顔、鼻筋がとおり桜色の唇、一言でいえば美貌の持ち主であり、カップルとして申し分ないため二人とも人気が高い。

伊藤へのインタビューによると、原作とは異なりキリトとアスナとの距離感を意識したという。たしかに二人の関係が進展するのは第一期の第八話から第一〇話であり、そこへ至る過程を楽しむことができる。

なお『SAO』全体のテーマはキリトこと和人の自己形成、そして他者と向き合い生きることである。これはドイツの作家ヘルマン・ヘッセの『デミアン』などと通底する普遍的なテーマといえるが、『ＳＡＯ』は小説で書かれたゲームの世界のアニメ化なので、メタのメタ、いわば多重化したメタフィクションともいうべき世界の作品である。

ＭＭＯＲＰＧ

『ＳＡＯ』のゲーム世界を理解する補助線を引こう。

まずオンラインゲーム（Online Game、通称ネトゲ）とは、コンピュータのネットワークを利用したゲームのことである。前章で取り上げたテーブルトップゲームには、オンラインセッションというチャットプレイが存在したが、これもオンラインゲームの一種とみなすことができる。

他方、『ＳＡＯ』の①アインクラッド編の舞台である「ＳＡＯ」と、②フェアリィ・ダンス編のそれである「ＡＬＯ」は、ＭＭＯＲＰＧ（Massively Multiplayer Online Role-Playing Game）に分類される。これはオンラインゲームの一種で、大規模多人数が同時に参加できるＲＰＧのことである。

グラフィック処理を兼ね備えた最初のＭＭＯＲＰＧは一九九一年にアメリカでサー

図5-2

『ウルティマオンライン』(UO)	『ラグナロクオンライン』(RO)
米国のリチャード・ギャリオットが開発。	韓国のゲーム会社グラビティが開発。
中世ヨーロッパ風の世界を舞台にした剣と魔法のファンタジー。	北欧神話をベースにした剣と魔法のファンタジー。
料理や釣りなど日常生活のスキルアップにより経験値を得ていくスキル制。	モンスターを倒してレベルを上げ、レアアイテムを入手するレベル制。RPGの楽しさが魅力。

ビスがはじまった『Neverwinter Nights』であり、これによりMMORPGのシステムが形成された。

九〇年代半ばになると、インターネットが急速に普及（ビッグバン）し、これとともに九七年の『ウルティマオンライン』（UO）と、〇二年の『ラグナロクオンライン』（RO）が成功し、このジャンルが一般的なものとなった。この二つは原作者である川原の「Twitter」におけるツイートによると『SAO』へ強い影響を与えている。簡単に**図5-2**で整理しておこう。

私の読みでは『SAO』は、『RO』からスキル制、『UO』からレベル制を取り入れ、独特なMMORPGの世界を構築したと推察する（料理は第八話、釣りは第一三話参考）。
ＭＭＯＲＰＧでは他に『エバークエスト』や『ファイナルファンタジーXI』といったタイトルが人気を博したことは記憶に新しいが、川原の主だったプレイ歴はツイートによると、「ＵＯ→ＰＳＯ→ＲＯ→ＤＤＯ《ママ》→完美→ＷｏＷ→ドラゴンネスト」（二〇一年八月二七日）だったとある。

略称が多く分からないと思うので正式タイトルを順番に記すと、『ファンタジースターオンライン』（ＰＳＯ）、『ドラゴンズドグマ　オンライン』（ＤＤＯＮ）、『パーフェクト　ワールド』（完美）、『ワールド　オブ　ウォークラフト』（ＷｏＷ）、そして『ドラゴンネスト』である。これはゲーム廃人（神）ともいうべきレベルのプレイ歴である。

ＭＭＯＲＰＧの魅力はまず何といっても、多人数が情報を共有し、協力してゲームをクリアしてゆくところだ。また料理や釣りでスキルアップしたり、モンスターを倒してレベルアップし、レアアイテムを入手したりする。さらに他のプレイヤーとコミュニケーションを図ったり、オフ会を開いたりという楽しみ方も存在する。

ところで『ＳＡＯ』のＭＭＯＲＰＧは次世代型でＶＲＭＭＯＲＰＧ、つまりナーヴギア（「ＳＡＯ」にダイヴするためのＶＲヘッドセット）を装着し仮想空間（Virtual Reality）へ完全ダイヴする形のＭＭＯＲＰＧである。ここにおいてプレイヤーは、仮想の五感情報（視覚・聴覚だけでなく嗅覚・味覚・触覚さえも）を与えられるだけでなく、自分の脳から出力された命令は仮想空間にフィードバックされ、アバターを動かすためのデジタル信号に変換される。

この設定だけでも現代テクノロジーの最先端を走っているのが分かるだろう。

アインクラッド編

さてアニメ版第一期の第一話〜第一四話のアインクラッド編を分析しよう。

プロットはこのような感じである。すなわち二〇二二年、人類はついにＶＲＭＭＯＲＰＧである「ＳＡＯ」により完全なる仮想空間を実現した。サービス開始前からプレイしていたベータテストプレイヤーであるキリトは、正式サービス開始後にログインした他の一万人のプレイヤーとともに、ゲームデザイナーにして量子物理学者である茅場《かやば》晶彦《あきひこ》（父のような存在、『ＵＯ』のロード・ブリティッシュすなわちリチャード・ギャリオットがモデルか）から恐るべき託宣を聞かされる。それは次の二つである。

①ゲームをクリアすること。

②ゲーム内でのゲームオーバーは、現実世界での死を意味すること。

①は無限の蒼穹に浮かぶ城である「アインクラッド」の最上部第一〇〇層のボスを倒すことだけが「SAO」の世界から脱出する唯一の方法であるということである。また②はナーヴギアの信号素子から発せられる高出力のマイクロウェーブが、電子レンジのようにプレイヤーの脳を破壊し、生命活動を停止させるということだ。

要するに「SAO」はデスゲームと化したわけで、この意味でいえばゼロ年代後半のサヴァイヴ系の異種であるといえる。またMMORPGを舞台とした「.hack」シリーズを思いだす人もいるだろう。

キリトはいち早くこの事実を受け入れ、ギルドに属さない二刀流のソロプレイヤーとして死闘へと身を投じていく。

ここで注目すべきは、多人数が情報を共有し、協力してゲームをクリアしてゆくMMORPGの魅力を単独プレイにより裏切っているところだ。これは現実世界の桐ヶ谷和人が人間嫌いという性格を反映しているが、それと同時にデンマークの哲学者セーレン・キルケゴールがいう「単独者」につうじるだろう。

キルケゴールによると、私たちは神の前に「単独者」として立つことによって、絶望や不安から救われる。そして人は神によって生かされているものであると自覚することで、真に主体的な人生が開かれてゆく。

「単独者」という文脈で『SAO』を捉えると、Web 2.0を超えたWeb 3.0ともいうべき世界における存在論的な作品といえる。キリトがアスナとの恋愛、彼女を通じた他者との出会いによって、「死に至る病」(絶望)を克服するところが、多重化したメタ世界での選択なのだろう。

フェアリィ・ダンス編

つぎはアニメ版第一期の第一五話～第二五話のフェアリィ・ダンス編を分析しよう。こちらはMMORPGではおなじみの妖精の世界が舞台である。

プロットはつぎのごとくだ。すなわち「SAO」をクリアした二ヶ月後の二〇二五年、現実世界に帰還したキリトこと和人だったが、アスナ(明日奈)は覚醒できずにいた。そうしたなか、新たなVRMMORPGである「ALO」の中心「世界樹」に大きな鳥籠があり、そこにアスナらしきアバターが幽閉されていることを知る。それはアスナの父の部下である須郷伸之《すごうのぶゆき》の陰謀であった。そこでその陰謀を阻止し、とらわれの姫を探す騎士のごとくアスナを救出すべく、キリトはソロプレイヤーとして「ＡＬＯ」にログインする。そこで出会ったシルフ（風妖精族）のリーファを攻略パートナーとし……といった感じである。

なおリーファは現実世界では和人の一歳下の義妹・直葉である。容姿は青みがかった黒髪ショート、眉はきりっと太いため男の子っぽく勝ち気なイメージだが、アバターとしてのリーファは女の子らしい金髪ロングなので、ギャップに萌える人がいる。またそこはかとない義兄への思いが切ないので、アインクラッド編よりこちらを推すファンも多い。とくに長井龍雪が絵コンテを切った第二二話におけるやるせなさに涙した人も多いだろう。

それはともかく「ＡＬＯ」は、妖精をモチーフにした九種族から構成された世界で、キリトはスプリガンを選択する。そのアバターは黒髪を下ろさずバックにしエルフ耳を備えたもので、「ＳＡＯ」よりアクティブな男の子になった印象がある。

キリトの目的は須郷の計画阻止とアスナの救出である（ゲーム内で須郷は妖精王オ

ベイロン、明日奈はティターニアと呼称）が、一般プレイヤーの目標は、「ＡＬＯ」の中心、すなわち世界樹の上にある空中都市へ他の種族に先んじて到達することである。ところが世界樹の根本のドームには、圧倒的な力を有する守護騎士たちが扉を護っている。この世界樹を攻略することはアスナの救出に繋がるので、他のプレイヤーと協力して攻略していく（「単独者」というモチーフは後退）。

さて「ＳＡＯ」と「ＡＬＯ」との違いは、①レベル制は存在せず、各種スキルを反復使用することにより力が上昇するスキル重視であること、②「ＳＡＯ」では不可だった魔法が使えること（キリトが使うのは幻惑魔法）、③羽根を動かして飛行が可能なことなどだが、他種族ならＰＫ《プレイヤーキル》、つまりプレイヤーのアバターを殺すことができる。これはつぎの「ＧＧＯ」（ガンゲイル・オンライン）へ継承される。

浮遊城と世界樹

さてここでアインクラッド編とフェアリィ・ダンス編での注目点を二つほど指摘したい。それは世界観の魅力とナーヴギアの実現可能性である（本作に登場する人工知能のユイは分析対象として興味深いが、紙面の都合で言及しない）。

まず世界観の点では、アインクラッド編の浮遊城アインクラッドと、フェアリィ・ダンス編の世界樹の設計が、象徴その他いろいろな意味を帯びている。

アインクラッドは、石と鉄でできた宙に浮かぶ城である。美術監督の長島孝幸によると、打ち合わせをせず原作を読んだ勢いで描いたというが、勢いそのままにスケールの大きな城にデザインされている。

宙に浮かぶ城といえば、絵画ではベルギー出身のシュルレアリスト、ルネ・マグリットの「ピレネーの城」（一九五九）が名高い。また室町時代に山頂に築かれ日本のマチュピチュと呼ばれる兵庫県の竹田城跡や、江戸時代に築かれた天守を残す岡山県の備中松山城、アニメでは宮崎駿《はやお》監督の『天空の城ラピュタ』（ジョナサン・スウィフトの『ガリバー旅行記』にでてくる「空飛ぶ島　ラピュータ」が着想源）を想起する人もいるだろう。

宙に浮かぶ城からイメージされるのは、①人工物が重力に逆らう→自由や解放のイメージ、②全知全能の神が、人々を見下ろしている→畏怖の対象といったものである。

いずれにせよ宙に浮かぶ城にロマンを感じる心性が人間にはあり、結果として魅力ある世界を構築している。

他方、世界樹は、北欧神話の世界観を象徴するユグドラシル（イグドラシル、または宇宙樹・生命の樹）のことである。ユグは恐ろしい者、つまり最高神オーディン、ドラシルは馬という意味なので、ユグドラシルとはオーディンが乗る馬という意味だ。北欧の古代人はこの樹が全世界を支えていると考えていたが、北欧に限らずこの種の信仰は世界各地にある。たとえば旧約聖書に登場する善悪の知識の木（リンゴの木は誤訳）、インドの菩提樹など。ただし北欧神話の物語は、このユグドラシルが見下ろす世界で展開され、天地創造から最終戦争（ラグナロク）まで展開するので、物語のまさに中核にあるのが世界樹である。

またユグドラシルは九つの世界を支えており、これは『ＳＡＯ』のフェアリィ・ダンス編で九種族に分かれているという設定に継承されている。

アニメ版の世界樹の姿は、根本から幹が巨大竜巻のように大きく捻れ、それが雲の上に突き出ており、最頂部に伝説の空中都市が存在する。畏敬の念をもって尊崇するような堂々たる世界樹である。

そしてそこに最初に到達した種族が、真なる妖精アルフに転生するのだが、北欧神話では最終戦争後、焼け残った世界樹の洞窟のなかで生き残った男女（リーヴとレイヴスラシル）が新しい人類の始祖になったという。キリトとアスナに重ねて読むことが可能だろう。

以上のように、浮遊城アインクラッドと世界樹の設計は、象徴以上の意味をもつことが分かる。

ナーヴギアの実現可能性

つぎはナーヴギア（NerveGear）の実現可能性について考えたい。

これは頭から顔までを覆うヘッドギアで、内側には無数の信号素子が埋め込まれ、それらから発せられる多重電界によりプレイヤーの脳そのものと接続する。そのためプレイヤーは脳の視覚野や聴覚野に直接与えられる情報を見たり聞いたりできるわけだが、触覚・味覚・嗅覚、つまり五感すべてにアクセスできる。

またプレイヤーは手足を動かさずとも、アバターは剣を振るったり移動したりすることも可能である（一種の念力）。

ナーヴギアの後発機であるアミュスフィア（AmuSphere、「ＡＬＯ」にダイヴするためのＶＲヘッドセット）は、電磁波を抑えたもので五感の情報も緩やかに送り込むといった設計となった。

これらのマシンは未だ存在しないが、じつはニューロコミュニケーター（Neuro Communicator）と、頭部に装着するディスプレイであるヘッドマウントディスプレイ（Head Mounted Display、以下ＨＭＤ）とを融合させることにより将来的には実現可能だろう。

まずニューロコミュニケーターとは、脳から機械へ出力する型のブレイン・マシン・インタフェース（ＢＭＩ）装置である。

一〇年、脳科学者・長谷川良平らが筋萎縮性側索《そくさく》硬化症（ＡＬＳ）の患者向けに開発したものが有名だ。これは簡単にいうと、①モバイル脳波計、②絵文字を表示するモニタ、③脳波を測定するコンピュータ、と三つの装置から構成されている。

まずモニタに絵文字が示されると、伝えたいメッセージの絵文字に対して患者は脳内で意思表示する。この絵文字は三層あり、コンピュータがメッセージを解読し文章化する。つまり機械が患者の脳波を測定して意思を解読することで、意思の伝達を行うことができるわけである。

他方、ＨＭＤの進化は近年すさまじい。

VR（Virtual Reality、仮想現実）に対応したHMDは、一二年にオキュラスVR社のオキュラス・リフト、一五年にソニーのPS VRが登場しVR市場を開拓している（発売は一六年一〇月）。この二つは、映像パネルを直視する方式が採用されているが、映像パネルが一枚なので視野角が約一〇〇度である。

それに対して一五年に発表され開発中のStarbreeze社のStar VRは、映像パネルを二枚ほど組み込んでおり、視野角二一〇度を実現している。人間が両眼で同時に見える範囲は一二〇度、総合的な視野は二〇〇度が限界なので、それを超えた視野角である。

今のところこのStar VRがHMDの最高水準なので、たとえば（これは私の希望的観測にすぎないが）任天堂がStarbreeze社を傘下におさめ、ニューロコミュニケーターの開発者・長谷川良平に技術協力を求めるとする。そうすればナーヴギアに似た装置は作れるだろう。ただし難しいのはエコシステム（Ecosystem、もともと科学用語で「生態系」。近年IT用語に転用。複数の企業が提携して相互の資本や技術を活かしながら製品開発などを行ない、宣伝媒体や販売店、さらに消費者へ波及しながら共生していく仕組みのこと）の構築、および医療の世界の人が協力してくれるかどうかだろうが。

ファントム・バレット編

つぎはアニメ版第二期のファントム・バレット編を分析しよう。こちらはMMORPGではあるものの（後述する）FPSの世界である。

プロットはつぎのごとくだ。すなわち「SAO」事件から一年後の二〇二五年、新たなVRMMOである「GGO」で「死銃《デス・ガン》」という謎のアバターにより撃たれたプレイヤーが、現実世界でも死ぬという事件が起こる。総務省仮想課の菊岡誠二郎《きくおかせいじろう》から調査を依頼されたキリトこと和人は、その真相を探るべく、ソロプレイヤーとして「GGO」にログインする。そこで出会ったスナイパーのシノンと行動をともにし……。

新たなパートナーのシノンは、現実世界では朝田詩乃《あさだしの》という女子高生である。彼女は一一歳の時強盗事件に巻き込まれ、母親をかばうために奪った拳銃で犯人を射殺してしまった。その心的外傷後ストレス障害（PTSD）を克服するため「GGO」のプレイヤーになった。他方、キリトも「SAO」のなかで殺人を犯すギルド「ラフィン・コフィン」を討伐した際、何人かを倒した（現実世界での死）。したがってキリトとシノンとの関係は戦友のそれであり、いわば同じ殺人という罪を背負った同志として「死銃《デス・ガン》」を追うこととなる。

「ＧＧＯ」は、最終戦争後の地球に移民宇宙船団に乗って帰還した人々が暮らすという設定の世界である。中心都市・ＳＢＣグロッケンは荒涼としており、アインクラッド編とフェアリィ・ダンス編とはかなり異なり、黙示録的な雰囲気があるが、アニメを見慣れた方にとってこの風景はなじみ深いだろう。

またガンアクションが主体なのでプレイヤーは男性が多い。

キリトは屈強な兵士のアバターを望んだが、黒髪ロングで美白、男の子っぽさがなくなり少女のような外見となった（シノンは最初キリトを同性だと思い優しく接したというおまけがついている）。

キリトのキャラクターとしての人気は、このような各編で変転するアバターの魅力にあるといって過言ではないと思う。また過去二年間も「ＳＡＯ」のため昏睡していたことから感じる恐怖心より、新しいＶＲＭＭＯへの好奇心が上回るという根っからのゲーマーである点も、（とくにオタク男子から）支持を受けているのだろう。

MMOFPS

「GGO」はMMOではあるもののファーストパーソン・シューター（First Person Shooter、FPS）の世界である。

このFPSはシューティングゲームの一種で、一人称視点でゲーム内の世界を移動でき、銃や剣などの武器あるいは素手を用いて戦うアクションゲームのことだ。

FPSというジャンルが確立したのはid Softwareが九二年に発表した『ウルフェンシュタイン3D』である。このゲームはナチスの兵士が守る城から脱出するため、プレイヤーは銃を使い敵兵やモンスターを打ち倒してゆくというものである。

また同社が翌九三年にリリースした『ドゥーム』のヒットにより、FPSは一気にゲームジャンルとして定着した。こちらはゾンビやモンスターだらけの火星の基地から脱出するゲームである。

とはいえ「GGO」に最も影響を与えたのは九六年に同社が発表した『クエイク』であることは論を待たない。こちらはフル3Dで、多人数が同時に参加するマルチプレイ、つまりMMOFPSの元祖というべき作品である。複数のクランがパーティを組むというのは、「GGO」ではソロプレイヤー・キリトにシノンらが協力して戦うという設定に対応している。

ＦＰＳの魅力を語る上で外せないのは、Infinity Wardが〇三年に発売した『コール オブ デューティ』である。

現在まで一二作ほど発表されているが、九作目の『ブラックオプス2』の脚本が、クリストファー・ノーラン監督の『ダークナイト』の原案を担当したデビッド・S・ゴイヤーだったため、それまでのＦＰＳにありがちなストーリーの単純さはない。しかもディテールがリアルな映像で、銃器の描き方など魅力が満載である。この世界の入門編として最適だと思う。

ところでアニメは基本的に三人称視点、すなわち客観ショット（Objective Shot）によりストーリーが展開される。アニメ版のファントム・バレット編もむろん三人称視点なのだが、舞台がＦＰＳの世界なので、たとえばライフルの照準器から覗いた一人称視点がそこに導入される。第二期のアニメ版を集中して視聴できたのは、自分がその世界の一員になったかのような演出にあった（『キノの旅』で有名な作家・時雨《しぐ》沢《さわ》恵一が銃器監修）。

この一人称視点の問題を少し考えてみたい。

一人称視点

さきにFPSはゲームジャンルとして定着したと述べた。

しかしながらプレイヤーが銃器を使用して走り回り、敵兵やモンスターを打ち倒してゆくという単純かつ明快（もちろん『コール オブ デューティ』のような作品もあるが）、暴力的な内容のゲームなので、日本よりアメリカなど海外で人気が高い。

またFPSに似た日本のゲームに、たとえば「バイオハザード」シリーズや「メタルギアソリッド」シリーズがあるが、ともに家庭用ゲーム機用に作られ、三人称視点なので、プレイしていてもFPSがもたらす快楽（爽快感）とは違う。とくに後者はキャラクターの背中からプレイヤーは操作するのでサードパーソン・シューター（Third Person Shooter、TPS）と呼ばれている。

FPSによる一人称視点を考える上では日本のゲームよりむしろ、アメリカの映画を取り上げた方が適切であろう。

映画の撮影技法にPOVショット（Point of View、視点ショット）がある。これは登場人物の一人称視点から撮影したショットで、観客は登場人物と一体化を余儀なくされる。ホラー映画等では七〇年代からおなじみの技法であるが、従来は映画の一部のシーンで使われるやり方だった。ところがゼロ年代以降のハリウッド映画ではこれを作品全体で採用する作品が増えた。

その源流とされるのが九九年の低予算で作られた疑似ドキュメンタリー映画『ブレア・ウィッチ・プロジェクト』であるが、ゼロ年代以降の主な作品として、たとえば〇七年からはじまる「パラノーマル・アクティビティ」シリーズ（ホラー映画）をはじめ、〇八年の『クローバーフィールド』（ニューヨークでモンスターが暴れるパニック映画）、一二年の『クロニクル』（テレキネスを題材にしたＳＦ映画）、一四年の『プロジェクト・アルマナック』（タイムマシンもののＳＦ映画）など数多くある。

これらの疑似ドキュメンタリー映画は、モキュメンタリー（Mockumentary、mock は偽のという意味）と呼ばれているが、手持ちのデジタルカメラで撮ったため画面はぶれ、結果として観客は臨場感を味わう。

これを映画評論の立場から〇一年九月一一日に起こった米国同時多発テロの影響という読み方をする人がいる。ある面では正しいといえるが、それだけでは早計だろう。むしろＦＰＳなどのシューティングゲームや、「Halo」シリーズなどの戦略シミュレーションゲーム、あるいは〇五年にサービスが開始した YouTube などの投稿動画からの影響が大きいように思う。

作品を客観的に眺めるのではなく、登場人物の視点をつうじて物語と一体化する。アニメ版『SAO』のファントム・バレット編を集中して視聴できたのは、ここら辺りに秘密があるのかもしれない。それはもちろんゼロ年代のオタク文化で人気を博したノベルゲーム（文章を読むことが主体のアドベンチャーゲーム、『To Heart』や『CLANNAD』が代表）の一人称視点とは異なる快楽であるので、東浩紀のいうゲーム的リアリズムとは異なる質のものである。

メタ・オリエンタリズム

今のところアニメ化されていないのがアリシゼーション編である。これにはイギリス生まれの理論物理学者ロジャー・ペンローズの量子脳理論に基づいた新しいマシン、ソウル・トランスレーターが登場する。

ペンローズといえば、六〇年代にイギリスの理論物理学者スティーヴン・ホーキングとともに宇宙を研究し、ブラックホールの特異点定理を証明し、「事象の地平線」の存在を指摘した。これはクリストファー・ノーラン監督のSF映画『インターステラー』（一四）のモチーフとなった。

　ペンローズの量子脳理論は難解だが、脳細胞に普遍的に存在する微小管（マイクロチューブル）が意識に関与しているという。ここから臨死体験との関連性について推察し、意識は宇宙で生まれる素粒子より小さく、重力・空間・時間にとらわれない。そこで臨死体験者の心臓が止まると、意識は脳から出て拡散する。体験者が蘇生した場合、意識は脳に戻るが、もし蘇生しなければ意識情報は宇宙にあり続けるか、別の生命体と結びついて生まれ変わるとしている。

　これは輪廻転生という東洋思想を、量子論の立場から解読した考え方で非常に興味深い。このようなペンローズの量子脳理論に基づいた新しいマシンが登場したので、アリシゼーション編を読んだ際に「つぎはペンローズか」と驚いたことを思い起こす。

　舞台である第四のゲーム世界「アンダーワールド」は、高度なボトムアップ型人工知能（AI）を作るために構築した仮想世界という設定である。原作第九巻以降はこの世界が描かれている。

　また一七年に公開される『劇場版　ソードアート・オンライン』では第五のゲーム世界ARMMORPGの「オーディナル・スケール」が舞台となる。

こちらは今までの仮想現実（VR）ではなく、拡張現実（Augmented Reality、AR）のMMORPGである。このARとは、現実世界に情報を付加された世界または技術のことを指す。ポップカルチャー絡みでは、〇七年の磯光雄監督によるアニメ『電脳コイル』、一六年から古賀豪がシリーズディレクターを務めているアニメ『デジモンユニバース アプリモンスターズ』、一三年の初音ミクライブにおけるSmartARの使用、一六年にサービスがはじまった『ポケモンGO』のARモードが名高い。VRは仮想現実で完結しているのに対して、こちらは現実世界へ介入するといえばいいだろう。そういう意味でよりリアルなゲーム世界が描かれると想像する。

そしてアメリカでは原作にそった形でスカイダンス社がテレビドラマ化するという。脚本家は『アバター』や『ターミネーター：新起動／ジェニシス』で有名なレータ・カログリディスなので、ハリウッド映画、とくにターミネーター・ファンからも驚きの声が上がった。

たしかに〇九年に実写化された『ドラゴンボール・エボリューション』以降、日本のポップカルチャーを原作とした作品が注目を浴びている。

しかし士郎正宗《しろうまさむね》原作の『ゴースト・イン・ザ・シェル』では、草薙素子《くさなぎもとこ》に扮した白人女優の画像を公開したことから「ホワイトウォッシュ」（Whitewash、有色人種役を白人に演じさせ、白人化してしまうこと）への反対運動が起こったことは記憶に新しく、『SAO』もそうなる可能性がある。

その他、『NARUTO』『TIGER&BUNNY』『DEATH NOTE』などの実写化が報じられ、現在交渉中の作品では『ポケットモンスター』『鉄腕アトム』がある。

このようなハリウッドによる日本のポップカルチャーへの注目には、①物語のバラエティさとプロット自体の面白さ、②キャラクターの魅力、③日本やアジア市場も狙える点などの理由があるだろう。

ところで欧米のSF系の映画や文学では、最新テクノロジーの国としてアジア、つまりオリエント（Orient、この場合エドワード・サイードの著書『オリエンタリズム』よりむしろ『文化と帝国主義』における文化的相互作用＝交流を考えるべきだろう）がよく表象されてきた。その源流がリドリー・スコット監督の『ブレードランナー』とウィリアム・ギブスンの『ニューロマンサー』である。これらの作品の舞台にはハイテクと伝統とが共存しており、これをデイビット・モーレイとケビン・ロビンスは、テクノ・オリエンタリズム（Techno Orientalism）と呼称した。

ところが「SAO」シリーズは、VRMMOの世界なのでハイテクではあれど、伝統や国籍は曖昧である。このようなステイトレスな舞台にあってもなお、日本のポップカルチャー消費の文脈においてオリエントの刻印は押されている。

拡張する「SAO」シリーズ。そこで表象されるのは多重化したメタ・オリエンタリズムともいうべき世界である。

第3部

未来社会の行方

第6章 『とある科学の超電磁砲《レールガン》』クローン技術とスマートシティ

キャラクターとしての美琴《みこと》の魅力

『とある科学の超電磁砲《レールガン》』（以下、『超電磁砲《レールガン》』）は、鎌池《かまち》和馬による人気ラノベ『とある魔術の禁書目録《インデックス》』（以下、『禁書目録《インデックス》』）のヒロインの一人である御坂《みさか》美琴を主人公とした冬川基《もとい》作画のマンガが原作である。

この原作を『とらドラ！』で有名な長井龍雪監督が、第一期は〇九年から一〇年に、その後、『あの日見た花の名前を僕達はまだ知らない。』（以下、『あの花』）をへて第二期は一三年にアニメ化した。

前章でも触れたが、長井監督のアニメ演出には定評があり、岩井俊二の映画のように何気ないシーンで感動させられる。

たとえば『とらドラ!』では、ヒロインの逢坂大河《あいさかたいが》が、川嶋亜美の別荘でソファーの下に座る高須竜児《りゅうじ》の後頭部へ裸足をそっと密着させるシーンがある。大河は典型的なツンデレであるが、ツンデレという属性は、素直になれないけれどいちゃつきたいというジレンマを有する。そうしたジレンマが見事に結晶化された場面として心に残った。

また『あの花』は名シーンの連続で、ヒロインであるめんま（本名は本間芽衣子《ほんまめいこ》）のために再集結した超平和バスターズの面々の思いがぶつかり合い、近年まれにみる感動作に仕上がった。最終話で涙腺崩壊した方も多いだろう。この路線が一五年の映画『心が叫びたがってるんだ。』であるが、三作とも監督は長井、脚本は岡田磨里《まり》、キャラデザは田中将賀《まさよし》。この三人がトリオを組んだからこそなせる技である。

さて本題。

『超電磁砲《レールガン》』の舞台は、東京西部に位置し総人口二三〇万人の八割を学生が占める学園都市で

©鎌池和馬／冬川基／アスキー・メディアワークス／PROJECT-RAILGUN S

ある。学生は超能力を有するか否かで六段階、レベル〇から五に分けられ、主人公である中学二年生の御坂美琴（通り名は「超電磁砲《レールガン》」）は、七人しかいないレベル五の第三位で電磁気を自由に扱う電撃使い《エレクトロマスター》が能力であった。彼女は第一七七支部所属の風紀委員《ジャッジメント》の協力者であり、中一の三人、すなわちルームメイトで彼女を「お姉さま」と慕う白井黒子《しらいくろこ》、花で飾られた髪飾りをトレードマークにした初春飾利《ういはるかざり》、風紀委員ではないが初春の親友・佐天涙子《さてんるいこ》と行動をともにする。なお治安維持は、学生の風紀委員の他、ボランティア教師による警備員《アンチスキル》が担当している。

この作品の魅力は、御坂美琴のキャラクターにあることに異論はないだろう。茶髪のショートで端正な顔立ち、性格や行動は非常にサッパリしていて男の子らしい（制服の短いスカートの下にはクリーム色の短パン）のに、可愛いファンシーグッズやゲロ太というキャラクターが好きな少女趣味を有する。この点で少し「残念」な美少女である。

また『禁書目録《インデックス》』の主人公・上条当麻《とうま》に対しては、会うたびになぜか能力である電撃を浴びせてしまう。ここに思春期ならではのぎこちない恋心が窺える。ファンにとって感情移入しやすいキャラクターなので人気があるのだろう。

なお『超電磁砲《レールガン》』の本家であるラノベ『禁書目録《インデックス》』の作家・鎌池和馬へのインタビューによると、美琴というキャラクターは「街（注、学園都市）の仕組みや能力関連の価値観の説明などを一気にまとめる役割を持たせ」たという。つまり「とある」シリーズ全体にとってもキープレイヤーという重要な位置づけである。

超能力を考える1

この『超電磁砲《レールガン》』の設定で興味深いのは超能力の扱い方である。

日本のポップカルチャーでは超能力を有した登場人物が活躍する作品に事欠かない。とりわけアクション系の作品では、この超能力を有するキャラクターたちが技を繰り出して戦い合い、雌雄を決するというプロットがほとんどといって過言ではない。

では他の作品と『超電磁砲《レールガン》』とでは超能力の取り扱いのどこが相違しているかというと、『超電磁砲《レールガン》』は①レベル制であること、②教育や努力によって能力が向上することの二点である。

まずレベル制は先述したように、六段階、レベル〇から五に分けられ、主人公の美琴はレベル五で能力は電撃使いであった。ちなみに黒子はレベル四で能力は空間移動《テレポート》、

図6-1●「妹達《シスターズ》」編の主な登場人物の能力

レベル	名前	能力名	備考
レベル6			絶対能力進化計画《レベル6シフト》
レベル5	一方通行《アクセラレータ》(第1位)	一方通行《アクセラレータ》	本名不明
	御坂美琴(第3位)	電撃使い《エレクトロマスター》	
	麦野沈利《しずり》(第4位)	原子崩し《メルトダウナー》	「アイテム」のリーダー
	食蜂操祈《しょくほうみさき》	心理掌握《メンタルアウト》	常盤台中の女王
レベル4	白井黒子	空間移動《テレポート》	
	絹旗最愛《きぬはたさいあい》	窒素装甲《オフェンスアーマー》	「アイテム」のメンバー
	滝壺理后《たきつぼりこう》	能力追跡《AIMストーカー》	「アイテム」のメンバー
レベル3			
レベル2			
レベル1	初春飾利	定温保存《サーマルハンド》	ハッカー
レベル0	佐天涙子	空力使い《エアロハンド》	
	上条当麻	幻想殺し《イマジンブレイカー》	最弱で最強?

*「アイテム」は「妹達《シスターズ》」編で美琴と戦った暗部組織。妹達《シスターズ》はレベル2〜3程度。

初春はレベル一で能力は定温保存《サーマルハンド》、佐天はレベル〇で能力は空力使い《エアロハンド》、『禁書目録《インデックス》』の主人公・上条はレベル〇で能力は幻想殺し《イマジンブレイカー》である（図6-1参考）。

能力に差があるということは、生まれもっての才能ということに帰結しそうだが、そうではなく教育や努力によって能力が向上する。つまり学園都市にある学校のカリキュラムに従うことで後天的に能力を開発するという設定となっている。

もう少し詳しく説明すると、電気ショック、投薬や催眠術といった外的刺激を駆使することで脳の構造自体を作りかえ、自分だけの現実（パーソナルリアリティ）を得ることで能力が発動する。

これはある意味人体実験という側面があり、その結果、幻想御手《レベルアッパー》の取引や（後述する）絶対能力進化《レベル6シフト》計画など学園都市の暗部が浮かんでくる。それらに対して美琴らは超能力を駆使してバトルを挑み物語は展開する。

他方、美琴が支持される理由として、彼女を含め七人しかいないレベル五の第三位という高位は、レベル一から始めてレベル五まで能力を上げたという不断の努力に裏打ちされている。要するに先天的な能力でも、教育でもなく、自己を厳しく律することにより獲得した能力であるということだ。性格や行動、少女趣味を有するという残念な部分、不器用な恋心、これらと相まって思わず応援したくなるキャラクターとして造形されている。

ところで超能力とは一体何だろう。

オカルトブームで一世を風靡したイギリスの作家コリン・ウィルソンは超能力を発揮する技量をX機能と呼称した。このX機能は遠い現実や実在へと関心光線を向ける日常的な意識能力であり、これを発達させれば人間の超能力が増大すると考えた。

そのきっかけが自身によるメスカリン（幻覚剤の一種）実験で、それ以来、人間には使われてない能力があり、動物が第六感をもっているように、人間もまた遠い過去にはこれと同じ心霊的な敏感さを有していたはずだ。ところが現代の文明生活ではこの能力が不必要で、むしろ邪魔になる。その結果、超能力はいわば冷凍保存状態にあるので、必要とあらば取りだせるのではないかとした。

ウィルソンはフッサール現象学における意識の志向性という概念を巧みに援用しているが、コールドスリープしている超能力は外的刺激を与えることで活性化すると考えていることがわかる。

超能力を考える2

では超能力は『超電磁砲《レールガン》』のように電気ショック、投薬や催眠術といった外的刺激を使うことでしか活性化しないのだろうか。目に見えない力という共通項から、気功をもとに考えてみよう。じつは気功の世界ではトレーニングによって活性化すると考えている人がいる。

気功とは中国伝統の民間療法のことであるが、それによると掌の中央には労宮《ろうきゅう》というう強力なツボがあり、ここから気が出入りする。そこでこの労宮を有する両手を、たとえば相手の胸の中央にある膻中《だんちゅう》にかざすことによって、精神の疲れなどを癒す効果があるとされている。その際、気功師の手からは赤外線や微量の可視光線、あるいは静電気や静磁気が観測されたという報告もある。

この未知のエネルギーは、インドのヴェーダ哲学でいうプラナ、超常現象を科学的に研究するサイ科学でいうバイオ・プラズマ、ニューサイエンスへ影響を与えた物理学者デヴィッド・ボーム（米）のいうゼロ点エネルギー、精神分析家ヴィルヘルム・ライヒ（オーストリア）のいうオルゴン・エネルギーなど、さまざまな呼び方がある。

気功ではこの気を高めるために瞑想などの修行を行っているが、『超電磁砲《レールガン》』をみているとそうした過程が描かれることは稀で、超能力者同士のバトルがメインになっている。

ここで注目すべきは、美琴は手というか指から最大出力一〇億ボルトの電撃を発していることである。しかもローレンツ力で加速したコインを猛スピードで撃ちだす超電磁砲《レールガン》だけでなく、電撃の槍《やり》を作ったり、落雷を誘発するといった大技から、磁力で集めた砂鉄で剣を造形するような中技、そして微弱な電磁波でバリアを張ったり、電気信号を解読して電子ロックを解除したりする小技まで、数多くのバリエーションがある。

電磁気が波動になったものが電磁波で、この電磁波を操る能力を御坂美琴は有しているわけだが、この電磁波は現実では、エネルギーを伝えたり、通信や放送などの情報送信に使用されたりすることが多い（テレビ、ラジオやスマートフォン）。

他方、上条の幻想殺し《イマジンブレイカー》は、すべての超能力を無効化する能力であり、こちらもまた手を使う。したがって上条の場合、手で相手のエネルギーを吸収して動作不能に陥らせるのだろう。

いずれにせよ未知なるエネルギーは手あるいは指から発せられるというイメージが

強いようである。

「妹達《シスターズ》」編

さて『超電磁砲《レールガン》』の話のうちもっとも人気が高いのが、アニメ版第二期第一話から第一六話にかけて展開された「妹達《シスターズ》」編である（原作第四巻から第七巻、小説版『禁書目録《インデックス》』第三巻）。

プロットを簡単にまとめると、裏路地にマネーカードが入った封筒が多数置かれる不思議な事件が起こる。武装無能力者集団《スキルアウト》の連中によると、落とし主は布束砥信《ぬのたばしのぶ》という名の少女だという。美琴は布束と出会い過去の記憶を呼び覚ます一方、自分がかつて提供したDNAマップを利用してレベル五のクローンが製造されているとの噂の調査に乗り出す。一旦はこの計画が中止されたことを知り安心していたところ、自分と瓜二つのミサカと名乗る少女（九九八二号）と出会い、続行されていることが分かるだけでなく、レベル六の絶対能力者を作るため「妹達《シスターズ》」が虐殺されている事実を知る。虐殺の主はレベル五の第一位で、空気や風などのベクトルを自由自在に操る能力を有する一方通行《アクセラレータ》だった。

いわゆる絶対能力進化《レベル6シフト》計画をめぐるエピソードである。
先述したとおり、学園都市における超能力の開発は人体実験という側面があり、その結果、暴走して絶対能力進化《レベル6シフト》計画のような事件が起こるわけだが、この話の人気が高い理由の一つは（二万人にいる）「妹達《シスターズ》」の魅力にある（もちろん美琴が研究施設に乗り込んで、麦野沈利《しずり》をリーダーとする暗部組織のアイテムと戦うバトルシーンも見所）。

彼女たちは培養器内での投薬および学習装置《テスタメント》での教育が施され、生後二週間で一四歳に成長し、記憶や経験の共有はミサカネットワークを介して行われる。姿形はお姉様の美琴であるが、電磁気の流れを視認するための軍事用ゴーグルを装着している。また経験値が低いため表情筋が発達しておらず、会話の口調も「……と、ミサカは客観的に説明します」という具合に、自分ではなく他者が発した発話のごとく伝える。そして本体と比べ一％程度の能力しかないため、欠陥品として一方通行《アクセラレータ》に次々と虐殺されてゆくのだ。

要するに（『新世紀エヴァンゲリオン』でいえば綾波レイのような）増殖した無口系の萌えキャラが次々と殺されるということだが、第一六話でお姉さまの美琴とともに戦う姿に感動したという声をよく聴いた。それはそうだろう。神回なのだから（美琴の上条へのツンデレぶりを含め）。

ヒトクローン個体

ではDNAマップを利用したヒトクローン個体（クローン人間、Human Cloning）は作ることが可能なのだろうか。

この問題を考えるにあたって、まず特異点《シンギュラリティ》（二〇四五年に人工知能が人類を凌駕する）で話題になったアメリカの未来学者にして発明家・事業家のレイ・カーツワイルの未来予測を紹介しよう。

カーツワイルによると、二一世紀は遺伝学（Genetics）、ナノテクノロジー（Nano-technology）、ロボット工学（Robotics）の三つのテクノロジーが飛躍的に進化するという（GNR革命）。

このうち遺伝学がもっとも進化しており、〇三年にヒトゲノム（二万三千個以上）の解読作業が終了し、そのデータが現在すでに医学やバイオテクノロジーの分野で応用されている。また近年、ゲノム編集（Genome Editing）という遺伝子を自由に編集する基礎研究も行われている。したがって人間の遺伝子操作や、『超電磁砲《レールガン》』の絶対能力進化計画《レベル6シフト》のようなヒトクローン個体は現在、再生医療とリンクしながら可能な段階にある。

　ヒトクローン個体といえば、〇二年、イタリアの医師セベリノ・アンティノリが、ヒトクローン個体を三人の女性が妊娠していると告白し世界中に衝撃が走った。

　じつはヒトクローン個体は、ＥＳ細胞を使う再生医療と密接な関係にある。この万能細胞はいろいろな臓器や組織になる潜在能力を有し、無限に増殖する胚に由来した細胞である。この細胞を遺伝子組み換えを行って胚盤胞に導入した後、これを培養して動物の子宮に戻す。ヒトの臓器移植に使える臓器を作ることが目的なのだが、ヒトクローン個体に繋がるヒトクローン胚からもＥＳ細胞を作ることが可能である。

　他方、ｉＰＳ細胞は受精卵は使わず、たとえば皮膚などの細胞が利用できるため倫理的な問題は低いという。山中伸弥《しんや》のノーベル賞受賞によりｉＰＳ細胞が話題になったとき、〇二年の報道を思いだしたのだが、それはｉＰＳ細胞から精子や卵子が作られ、ヒトクローン個体を生みだす技術となりえるからだ。

　クローン技術は法的に制約され、生命倫理学（Bioethics、バイオエシックス）の立場から倫理的な議論があるとはいえ、ヒトクローン個体を作りだすテクノロジーをすでに人類は手にしている。

そういう観点で「妹達《シスターズ》」編をみるなら、学園都市の暗部どころか未来社会に落とした暗い影を私たちは発見するだろう。単なるフィクションとはいえないリアルな逸話である。

学園都市

『超電磁砲《レールガン》』の舞台は、東京西部に位置し総人口二三〇万人の八割を学生が占める学園都市である（総面積は東京都の三分の一）。二三の学区に分かれ、美琴らが居住し通学しているのは第七学区で、主な舞台はここだ。

今日、日本の学園都市（英語では通常University Town）といえば、中央大学・法政大学・帝京大学・首都大学東京などの大学や、数多くの高校が集まる八王子学園都市が最大規模である。

しかし本作の場合、大学や高校など高等教育機関だけでなく、小学校や中学校も集合しているし、学生だけで一八四万人が居住している計算になるわけで、このような規模の学園都市は世界中探しても存在しない。しかもこの都市は高さ五メートルの外壁で囲まれ、そこに設けられた専用ゲートと空港によってのみ外部と行き来が可能な閉鎖都市である。

また日本の一都市といっても、総括理事長であるアレイスター＝クロウリー（同姓同名のイギリスの神秘学者が実在）と総括理事会の一二人の理事によって三権および外交・通商は統括されており、独立国家の体をなしている。

『超電磁砲《レールガン》』の本家であるラノベ『禁書目録《インデックス》』の作家・鎌池和馬は、このような都市と国家との中間的な舞台設定が得意である。

鎌池原作で、一五年に渡部高志《たかし》を監督に迎えアニメ化された『ヘヴィーオブジェクト』では、世界は正統王国、情報同盟、資本企業、信心組織の四つの勢力に分かれ、超大型兵器のオブジェクトにより代理戦争が行われていた。

鎌池和馬『ヘヴィーオブジェクト』、電撃文庫

正統王国は王権の下に統一されているので前近代的だが、情報同盟と資本企業は情

報や資本が、信心組織は信仰によって体制が維持されている。

今日、ポスト近代のグローバル化により、お金・テクノロジー・人・モノ・宗教原理主義などが国境を越えて流通するなか、国民国家はこれらの流れをもはや規制できなくなった。その結果、主権が新たな形態をとりつつあるが、それは国家的かつ超国家的な組織体からなる（アップル帝国やグーグル帝国、エクソンモービル、嫌悪すべき例だがISなど）。その流れで情報同盟、資本企業、信心組織といった勢力が形成されたのだろう。

対する『超電磁砲《レールガン》』における学園都市は、超能力開発に特化した国家的かつ超国家的な組織体と考えることができる。都市と国家との中間にあって、脱中心的で脱領土的な支配装置として機能する学園都市。このような設定の学園都市は、他作品と比べ先見の明のある世界観といえよう。

スマートシティ

このような学園都市の特徴を理解するにあたって、一一年に起きた東日本大震災後に注目された未来都市構想であるスマートシティ（Smart City）と関連させてみよう。

この構想は、震災および福島原発事故により都市基盤の脆弱さが露呈されたことを背景に、超高齢化社会の到来や深刻な地球温暖化への対策も考慮して、スマートコミュニティとともに新たな町づくりとして検討されている。これが大きな社会変革とみなしうるのは、以下の具体的な構想から明らかであろう。

①原子力から、太陽光・地熱・小水力・風力やバイオマスといった再生可能エネルギーへの転換。

②通信や制御機能を付加した電力網であるスマートグリッド（Smart Grid）。

③電気自動車などエコカーやカーシェアリング。

④在宅勤務といったテレワーク。

経済産業省が目指すスマートシティ構想と『超電磁砲《レールガン》』の学園都市の設定を比較すると、重なる部分が多々ある。

まず①の再生可能エネルギーだが、学園都市の主な動力源はプロペラ風車による風力発電である。しかも②のスマートグリッドのように、送電経路はネットワークとして構築され、変電施設によって電気の流れはコントロールされている。

また第二一学区には、グラウンド・ジオと呼ばれる実験中の地熱発電所が存在し、何%かはこの発電所が動力源となっていると想像される。要するに学園都市の電力は再生可能エネルギーが担っているわけである（第一〇学区に原子力関連の施設があるが）。

他方③のエコカー。学園都市の交通手段は、スクールバス、地下鉄やモノレールが担っている。このうちスクールバスは環境への負担が少ない車、いわゆるエコカーで、電気自動車（EV）と、ハイブリッド車（HV）もしくはプラグインハイブリッド車（PHV）と考えうる車であり、自動運転も可能である（カーシェアリングは不明）。大気汚染の原因となる二酸化炭素など有害物質を排出しないようにしているのだろう（なお④については不明）。

整理すると、スマートシティという今日の未来都市構想の延長線上に、『超電磁砲《レールガン》』の学園都市を位置づけることが可能なほど、スマートな近未来都市として設定されている。

日本のポップカルチャーの他作品が、SFという看板をだしているのにもかかわらず、いい加減な舞台設定をしている場合が多々あるのに対して、『超電磁砲《レールガン》』の場合、そうした生半可な部分はみあたらない。

超監視社会

ただし現実のスマートシティ構想と違うのは、学園都市が同時に「超監視社会」(Hyper Control Society)であるということだろう。

たとえば、①美琴らが居住し通学している第七学区の学舎の園(五つのお嬢様学校からなる区域)には、警備ロボが配備され、監視カメラは二千台ほど設置されている。②学区の境界には柵がめぐらしてあり、ゲーテッド・コミュニティ(Gated Community)と化している。③外部のインターネットは、外部接続ターミナルを迂回して接続されるので、情報遮断等も行える。

このうち②に関して付言すると、ゲーテッド・コミュニティの目的は防犯であり、外部からの侵入を防ぐだけでなく、コミュニティ全体で管理することで住民個々の警備コストは抑えられる。『超電磁砲《レールガン》』の場合、学生の風紀委員、ボランティア教師による警備員がそれを担当する。ただし要塞化されたコミュニティがあちらこちらに出現すると、都市全体が要塞化されるだけでなく、ゾーニング、すなわち地域が一定の範囲で区分され、地域間格差が生じることとなる。

学園都市は各学区で格差があり、たとえば第一〇学区にはスラムが存在し、そこを武装無能力者集団《スキルアウト》の連中が根城にしているため治安が悪いが、逆に第一八学区にはエリート校が集まり治安が安定している。これは地域間格差である。

また③はインターネット監視（Internet Surveillance）の可能性を示唆している。

要するに学園都市は、表面上はスマートシティ的なユートピアなのだが、超監視社会の側面があるので、アメリカのSF作家フィリップ・K・ディック的なディストピアでもある（この点で『PSYCHO-PASS サイコパス』と共通する。美琴は常守朱《つねもりあかね》のポジション）。じつはそれに気づいたのは、第一期第九話のサブタイトル名「マジョリティ・リポート」であった。これはディックの短編「マイノリティ・リポート」をオマージュする意味を付加したのだろう。

ただしディックの作品、たとえば『高い城の男』『火星のタイム・スリップ』『シミュラクラ』『ユービック』『死の迷路』『ヴァリス』などを読むと、つねに登場人物の心理を通してしか作品の現実をみることができない仕掛けになっている。また近未来の核戦争後の荒廃した地球、現実と幻想とのもつれ、シミュラクラ（Simulacra、本物そっくりの模造品）への強迫観念、無駄なガジェット（道具）の氾濫などにくらくらするが、そのような酩酊感はなく、暗部はあれど爽快なのが『超電磁砲《レールガン》』である。

剝《む》きだしの生

『超電磁砲《レールガン》』のアニメ版第一期では「幻想御手《レベルアッパー》」編、第二期では（先述した）「妹達《シスターズ》」編を中心として、アニメオリジナルの回が挿入された。今のところ『超電磁砲《レールガン》』原作第七巻以降の「大覇星祭《だいはせいさい》」編がアニメ化されてないが、いずれは『禁書目録《インデックス》』同様に実現するだろう。

他方、『禁書目録《インデックス》』のスピンオフは、本作だけでなく、山路新《やまじあらた》作画によるマンガ『とある科学の一方通行《アクセラレータ》』が存在する。

この作品は「妹達《シスターズ》」編で美琴らと対決した一方通行《アクセラレータ》を主人公としたもので、ヒーローよりアンチヒーロー（英語圏では他にダークヒーローやバッドヒーローともいう）ものといえばいいだろう。アメコミで喩えれば、一方通行《アクセラレータ》はバットマンに対するジョーカー、スポーンに対するバイオレーターという存在で、ヒーローの正義に対しアンチテーゼを唱える存在である。

彼は「妹達《シスターズ》」の一体である打ち止め《ラストーダー》（二〇〇〇一号、ミサカネットワークの管理者）を救ったため、脳に損傷を受け入院中である。そんなある日、魔術師の少女・エステルが病院へ侵入し、彼女を狙う警備員《アンチスキル》のDA（懲戒処分を受けた連中で結成された秘密結社）と抗戦する。DAは妹達《シスターズ》を利用して世界を新たな層に変えようという計画を有し、それが気に入らない一方通行《アクセラレータ》は、暗部組織の屍食部隊《スカベンジャー》と……という展開である。

アンチヒーロー同士が戦うという設定が興味深く、しかも『禁書目録《インデックス》』の魔術サイドと『超電磁砲《レールガン》』の科学サイドとが融合したストーリー展開で、設定もこの二つが異種混交している。

たとえば魔術サイドでは、エステルがDAにより殺された人皮狭美《ひとかわはさみ》に禍斗《かと》（元々は中国の伝承に登場する怪物で火を食う獣）を憑依させ、霊的回路を閉じた結果、彼女は起動しともに戦う。他方科学サイドでは、聖音《せいいん》高校に所属する研究者の菱形《ひしがた》が、肉体を機械的に

鎌池和馬（原作）・山路新（作画）『とある魔術の禁書目録外伝 とある科学の一方通行（1）』、アスキー・メディアワークス

強化することで能力を引き上げる技術の開発を行っている。

このように設定はやや複雑であるが、そこはレベル五第一位の一方通行《アクセラレータ》なので、圧倒的な強さを発揮し次々と敵を打ち倒してゆく。バトルアクションとして痛快である。また打ち止め《ラストオーダー》は、一〇歳前後の女の子の姿形をしているが、じつは妹達《シスターズ》の上位個体で彼女たちより明るい性格となっている。とりわけ一方通行《アクセラレータ》を慕っており、彼の暴走を抑止する役割を担っている。

学園都市を舞台に魔術サイドと科学サイドとが火花を散らす。ユートピアとディストピアとの二面性を有する未来社会である学園都市はス﹅マ﹅ー﹅ト﹅に統制されず、激しく燃え盛る。こうして一方通行《アクセラレータ》は私たちに剝きだしの生を突きつけるのだ。

第7章
『COPPELION』生き残りとリスク社会

第一部と第二部

『COPPELION』は、二〇〇八年から井上智徳《とものり》が描きだし一六年に完結したマンガが原作である。

舞台は二〇三六年の東京。陸上自衛隊が派遣した特殊部隊コッペリオンの「保健係」で、遺伝子操作により生まれた三人の女子高生、成瀬荊《いばら》・野村タエ子・深作《ふかさく》葵《あおい》が、二〇年前のお台場の原子力発電所（以下、原発）で発生したメルトダウン（炉心溶解）によって死の街と化した東京へ生存者を救出に赴くというプロットである。

監督の鈴木信吾は、並行世界の日本を舞台に、七人の王を擁する超能力者が戦い、ときに交流する人気アニメ『K』の監督でもある。スタッフも『K』の関係者が多いため、バトルシーンのアクションにキレがあり、群像の描き分けも巧みである。また制作会社のGoHandsは作画力に定評があるので、映像のクオリティの高さにも感心するだろう。

じつは『COPPELION』のアニメ化の話は一〇年からあった。ところが一一年三月一一日に起こった福島第一原子力発電所事故（以下、福島原発事故）を想起させるためか紆余曲折があり、一三年にアニメ版が完成したものの地上波では放映されなかった。しかもアニメ版は二〇三六年ではなく二〇××年、東京ではなく旧首都、メルトダウンではなく事故と表現が曖昧に改変されたが、これは現下の状況を考慮に入れた上での自粛であろう。

原作は四部から構成され、このうちアニメ化されたのは第一部と第二部である。

まず第一部では、「保健係」の三人が生存者を捜すため旧首都に入ったところからはじまる。やがて生存者に救命物資を配っていた配達人と出会うが、彼の正体は三ツ星重工お抱えの科学者で原発の設計責任者の博士・司馬伝次郎《しばでんじろう》だった。博士と行動

©井上智徳・講談社／コッペリオン製作委員会

をともにするなか、ステルス機を上空に発見する。地対空誘導弾で競艇場へ墜落させるが、水中には放射性廃棄物が不法投棄されており、手がかりからイエローケーキ（Yellow Cake、元の意味はウラン鉱石を精製する過程で濾過液からえられたウラン含量の高い粉末のこと）という名の原子力バックエンド事業会社が、海外から放射性廃棄物を引き取り許可をえずに捨てていたことが分かる。

第一部は司馬博士の救助と移送という結末で終わるので、作品の全体からみるとまだ序章である。

つぎに第二部（アニメ版第五話〜第一三話）では、「保健係」の三人と元陸上自衛隊の第一師団が戦うプロットがメインとなる。

じつはこの第二部は作品全体をとおして中核に位置する。

というのは第一部はコッペリオンの「保健係」の三人が旧首都（東京）から生存者を救出することしか描かれなかったのに対して、第二部では新たに「掃除係」の三人が参加し、黒澤遥人《はると》は「保健係」に合流し彼女たちを援護するが、小津歌音《おづかのん》・詩音《しおん》姉妹の二人は第一師団側につき、大バトルが展開される。情報娯楽の情報だけでなく娯楽の面も強調され、アニメ版を観ているとスリリングな展開で血湧き肉躍る。情報と

図7-1●主なコッペリオンのメンバー

グループ	名前	学年	特殊能力	備考
保健係	成瀬荊	高3	運動	クラス委員長、強い正義感
	野村タエ子	高1	探索	癒し系、動物と意思疎通が可能
	深作葵	高1	完成体	トリックスター的な存在
掃除係	黒澤遥人	高3	超再生	頭脳明晰、××のクローン
	小津歌音	高3	電撃	双子の姉、体内イオンを検知
	小津詩音	高3	骨肉の超強化	双子の妹

＊キャラクター名は、映画監督からとられている。上から順番に、成瀬巳喜男《みきお》、野村芳太郎《よしたろう》、深作欣二《きんじ》、黒澤明、小津安二郎である。彼らは原作者の井上が好む映画監督なのかもしれない。

娯楽とのバランスがとれた逸話が第二部だといえばいいだろう。

　ネタバレを避けるため詳細は記さないが、「保健係」＋遥人は第一師団＋小津姉妹と戦いながら、生存者を救済するために電鉄作戦を実施する。

特殊部隊としてのコッペリオン

　さてここで陸上自衛隊の特殊部隊コッペリオンのメンバーを整理しておく。

　遺伝子操作で生まれた彼らは、「保健係」や「掃除係」といったグループ分けがなされている。また特殊能力を有しており、それを武器に戦ってゆく（**図7-1参考**）。

　日本のポップカルチャーでは特殊能力を有す

図7-2

	『とある科学の超電磁砲《レールガン》』	『COPPELION』
獲得条件	電気ショック、投薬や催眠術	遺伝子操作
獲得時期	後天的に超能力を獲得	半ば先天的に特殊能力を組み込む
能力の特徴	科学的な能力	科学的だが、宇宙の暗黒物質《ダークマター》と関係した能力もある

る登場人物が活躍する作品が多い。とりわけアクション系の作品ではこの特殊能力を有するキャラクターたちが戦い合うというプロットがほとんどであり、その意味で『COPPELION』も例外ではない。

ただしその特殊能力は、遺伝子操作により各々異なったものが組み込まれているという設定である。この点で『とある科学の超電磁砲《レールガン》』（以下、『超電磁砲《レールガン》』）とは異なる。詳細は第六章を参考にしてほしいが、『超電磁砲《レールガン》』では、電気ショック、投薬や催眠術といった外的刺激を駆使することで脳の構造自体を作りかえ、自分だけの現実（パーソナルリアリティ）をえることで能力が発動した。要するに後天的に獲得した能力である。

それに対して『COPPELION』は、遺伝子操作により半ば先天的に組み込まれた能力である。たとえば小津姉妹の場合、除核した二つの未受精卵にある女優の成体細胞の核を注入した。その過程で姉妹別々の能力が織り込まれたと類推できる。いわゆるデザイナーベイビー（Designer Baby）である。

興味深いのは葵の特殊能力で、第二部で空中浮遊が発動するが、その際明るい性格が影を潜め、無表情となり別人格（守護天使）に入れ替わることである。第三部以降に、宇宙の暗黒物質《ダークマター》（宇宙を構成する正体不明の物質のこと。宇宙では、ふつうの物質は全体の五％未満であるのに対して、暗黒物質は二三％を占める。残りはほぼ謎の暗黒エネルギーとされている）と関係する他の能力も開花し終局へ向けて鍵を握ってゆく（**図7-2参考**）。

遺伝子操作

ここからは遺伝子操作と生存者、この二つをキーワードにして作品を組み立て直してみよう。

まずコッペリオンとは部隊名だけでなく、遺伝子操作により生まれ、放射能への抗体をもった子どものことも指す。このコッペリオンという名称は、E・T・A・ホフマンの『砂男』を原作にした、フランスの喜劇的バレエ作『コッペリア』（一八七〇年初演）から借用されている。

　このバレエ作のタイトルは、人形作り職人コッペリウスがからくり人形の少女コッペリアを作ったことが由来である。したがって『COPPELION』で引用するにあたり、からくり人形みたいな存在が、コッペリオンという設定になったのだろう。

　なお『COPPELION』の第三部から人形作り職人と同名のコッペリウス（博士）が登場する。彼は職人と同じように陰鬱で辛気くさい性格であるが、バレエ作と同じく裏の主人公的な存在である。あるいはすべての逸話を引き起こしている黒幕なので、トリックスターや狂言回しでもあり、「神の視点」を有する存在といえるかもしれない。

　ただしバレエ作『コッペリア』からの流用だけでなく、コッペリオンの体細胞にはイオン交換体が組み込まれており、このイオン交換体が体内に入った放射性物質のイオンを吸収して無害化するという創案もあるので、「コッペリア＋イオン」でコッペリオンという造語となったという。文系でしかも理系なネーミングセンスである。

それはさておき、前章の『超電磁砲《レールガン》』のほうで、ヒトクローン個体（クローン人間）に関して説明したが、〇三年にヒトゲノム（二万三千個以上）の解読作業が終了し、現在そのデータが医学やバイオテクノロジーの分野で応用されている。

したがって本作のような人間の遺伝子操作（Genetic Engineering）やゲノム編集、あるいはES細胞やiPS細胞を使ったヒトクローン個体は可能な段階にある。実際、アメリカではペットの猫のクローニング・サービスをしている企業は存在するし、筋ジストロフィーの症状緩和に遺伝子治療が行われている。

ちなみに第三部から登場するコッペリウス（博士）は、大学の再生医科学研究所の所長を務め、ヒトゲノム解析やES細胞プロジェクトにおいて世界的な権威であったが、再生医療における革新性ゆえに生命倫理（Bioethics）に反するとして学会から追放された。

生命倫理の観点から考えると、彼の論理は優生学のそれである。しかも近年話題になっているリベラル優生学（記憶力強化、身長アップ、子どもの性選択など）ではなく、旧来的な優生学、つまり「遺伝が才能や性格をも支配する」との論理に裏打ちされている。これはほとんどナチスの優生学的信条に繋がる危険思想といえる。

コラテラル・ダメージ

またコッペリオンの「保健係」が救助した生存者は、社会学的にいえば一次的な被害者ではなく、コラテラル・ダメージ（Collateral Damage、collateral は二次的なという意味）、つまり二次的な被害を受けた者である。

コラテラル・ダメージはもともと軍事用語で、戦闘時における民間人被害や、特定の軍事行動での巻き添え被害（やむを得ない犠牲）という意味で使われる。典型的な例をあげれば、米軍がアフガニスタンやイラクなどで飛ばしている無人の航空機（ＵＡＶ）、たとえばリーパーやインテグレータの爆撃により、非戦闘員である女性や子どもを含めた市民が無差別に殺害されるような被害のことである。

これをポーランド出身の社会学者ジグムント・バウマンが流用して、人災や自然災害に当てはめ、二次的な被害の犠牲者と社会的な不平等との関係性を明らかにした。彼が例にあげたのは、〇五年のハリケーン・カトリーナによるニューオーリンズの被害がアンダークラス（最底辺層）の人々（とくにアフリカ系）に集中した事実であった。

図7-3

新都電力台場原子力発電所（メルトダウン→旧首都）		対処（コッペリウス博士）	
加害者	司馬博士ら		
一次的被害者	都民		
二次的被害者	川端夫妻 あやめ婆さん 第一師団ら	遺伝子操作	コッペリオン DNAの不具合→処分
コラテラル・ダメージ		**ホモ・サケル**	

翻って『COPPELION』の生存者は、（司馬博士は別にして）原発事故という人災による二次的な被害者が多い。

たとえば第二話に登場した川端夫妻は、放棄された刑務所からの脱獄者、第三話のあやめ婆さんは、老人ホームに取り残された老女である。彼らは社会や家族から見捨てられた結果、旧首都（東京）に残ったという意味でも、コラテラル・ダメージを負っている。

また第二部でコッペリオンと戦う第一師団は、事故直後に救助活動を行ったため都民とともに被爆し、その後旧首都が防壁で封鎖されたために取り残された。要するに政府の政策に翻弄され遺棄されたという意味で、彼らもまた二次的な被害者だといえる（**図7-3参考**）。

このように旧首都に取り残された生存者の視点に立ってみると、コッペリオンの異なる風景がみえてくる。

つまりDNAに不具合があるコッペリオンもまた、失敗作として処分される運命にあり、コラテラル・ダメージを受ける可能性があるのだ。先述のように、コッペリオンは遺伝子操作により生まれ、放射能への抗体をもった子どもである。彼らの任務は、保健係の場合、旧首都から生存者を救出することだが、掃除係は仲間のコッペリオンの処分、（第四部から登場する）忘れもの係は葵の捕獲といった非人間的な任務を帯びる。要するにコッペリオンは固有の生を奪われた存在なのだ。

イタリアの哲学者ジョルジョ・アガンベンは、このような存在をホモ・サケル（Homo Sacer、古代ローマ時代の特殊な囚人のこと）と呼んだ。このホモ・サケルは、ビオス（Bios、個体や集団に固有の生）を奪われ、ゾーエー（Zoe、生きているという事実）しかもたない存在である。たとえば強制収容所や難民のことを考えると分かるが、彼らの生を管理する権力は、捕虜や難民をゾーエーしかもたない存在として扱う。ここにおいて彼らのビオスは奪われ、たとえば「民族浄化」という形で抹消される。

このようなホモ・サケルの文脈で再考すると、コッペリオンは過酷な運命に身をおいた存在であることがよく理解できる（図7-3参考）。

第三部と第四部

さてアニメ化されていない第三部と第四部の見所を簡潔に述べよう。

まず第三部（原作第九巻〜第一八巻）では、コッペリウス博士側の陣営としてコッペリオンの「探検係」の二人、すなわち円谷《つぶらや》真奈《まな》と市川迷砂《めいさ》が登場する（図7-4参考）。他方、「保健係」には第二部まで敵対していた「掃除係」の小津姉妹が援軍となり、渋谷の地下シェルターに居住する生存者を救済するため東京大決戦を敢行する。物語は国際政局を絡め錯綜しているものの、大枠はこの東京大決戦とコッペリオンの完成体である葵をめぐる争いといえばいいだろう。

注目すべきはフォッシロイドとコッペリオンとの位置づけである。軍用ロボット兵器のフォッシロイド（Fossiloid、fossil は化石なので、恐竜型の化石ロボット）は、もともと核汚染区域で作業する無人ロボットであった。ところが細部にわたる作業はロボットには不可能なので、日本政府はG9の他国（オーストラリア、アメリカ、カ

図7-4●第3部と第4部に登場するコッペリオン

グループ	名前	学年	特殊能力	備考
探検係	円谷真奈	高2	念動力《サイコキネシス》など	中性子を放出
	市川迷砂	高2	素粒子分解	中性子を放出
忘れもの係	伊丹刹那	退学	空間の置換	××の娘のクローン
	溝口刀馬《とうま》	退学	炎を操作	兄
	溝口涼牙《りょうが》	退学	氷を操作	弟
	山田姫愛《きあら》	中学	精神攻撃	イングマールと懇意
	イングマール	?	嗅覚・怪力?	熊男

＊キャラクター名は、同じく監督名からとられている。上から順番に円谷英二、市川崑《こん》、伊丹十三、溝口健二、山田洋次、イングマール・ベルイマンである。

ナダ、ロシア、フランス、ドイツ、イギリス、イタリア、現在のG8にプラスしてオーストラリア）へ新製品としてコッペリオンを売り込む。そこでコッペリオンの完成体である葵争奪戦がはじまるわけだ。

印象深いのは遥人と荊との会話シーンで、プロメテウスの火の逸話がでてくるところである。

ギリシア神話の神プロメテウスは、最高神ゼウスの命に背いて人類へ火を与えた。人類はこの火を基にして文明を築き上げたが、武器を作り戦争をはじめる。要するにプロメテウスの火とは、一歩間違えればすべてを焼き払う恐ろしい炎になりえることを示す。そのため原子力などリスクを伴う科学技術の暗喩として第三部で言及されたわけである。

第三部の終盤には、生存者を救済するための潜水艦の派遣や、フォッシロイドに対抗するロボットとしてエドン零式が起動し、つづく第四部（第一九巻〜第二六巻）では、東京大決戦が展開するなか、新たな敵として伊丹利那《いたみせつな》をリーダーとした「忘れもの係」の五人が登場する（図7-4参考）。

他方、お台場の原発が再臨界する状況下で、第三部で敵対していた「探検係」の真奈（第三部後半で味方になったが）と迷砂は「保健係」と「掃除係」側につく。物語は国際状況や国内政局を絡め、終局に向けて生存者の救済、葵争奪戦、そして原発の再臨界（およびイエローケーキによるミサイル攻撃）の阻止、この三つが主なプロットとなる。

コッペリウス博士のコッペリオン開発の意図が分かるだけでなく、SITE-0という廃棄工場の存在や、コッペリオンを人間に戻す方法など新たな設定も加わり、最後まで魅力あるストーリーが展開された。

大友克洋《かつひろ》の『AKIRA』が古びてみえるほどの力作であり、感情が高ぶり、全身に活力がみなぎる。近年稀にみる傑作といえるだろう。

リスク社会

本作はまたリスク社会（Risikogesellschaft、Risk Society）の果てを表象したものであると評価できる。

リスク社会とは、一九八六年、ドイツの社会学者ウルリッヒ・ベックが提示した概念である。これは近代化によってたしかに科学技術や産業経済が発展したが、それに随伴してリスクが拡大しこれが社会的に生産される社会のことを指す。

リスクは危険とは違い、人間の営みによって起こる。たとえば本作のような原発事故による放射能汚染。これは原発ではなく、太陽光・風力・水力などの再生可能エネルギーを使った発電所なら間違いなく防げたものである。ここで注目すべきは、「保健係」らの生存者救出と同時並行して開催されていた京都会議地球環境サミット（以下、京都会議）である。

（原作も参考にして整理すると）京都会議は、日本の夏目八郎総理大臣（元防衛大臣）を議長に開催されたもので、G9の首脳が参加した。

夏目首相の目論見《もくろみ》は、原子力の廃止とクリーンエネルギーの推進にあったが、オーストラリア首相の音頭で原子力回帰宣言が採択される。

他方、世界同時不況の原因となったアメリカは発言力が弱かったものの、第三部ではウラン産出量で第二位を誇るカザフスタンに軍事侵攻を決意し、日本も集団自衛権を発動し共同歩調をとったため、他の参加国が敵に回り、フォッシロイドが旧首都（東京）へ投入される。

この京都会議に参加した首脳はかなりカリカチュアライズ（戯画化）されている。したがって作者の意図は、世界と国内の政局の戯画化というところにあるが、日本の夏目首相が原発事故を受けてエネルギー転換の政策を指向していたという部分は、ベタに解釈すれば脱リスク社会を目指していたと読むことが可能であろう。

リスク社会は、従来の産業社会を反省する必要性から生まれた概念である。これを反省的近代化と呼ぶが、ここから世界リスク社会というコンセプトが生まれる。ベックが示したリスク社会論は、近代化の限界とその処方箋を論じたものであり、文脈をきちんと読むなら、そのような議論が京都会議で展開されている。

ハードサヴァイヴ系

一一年の福島原発事故。

その直後に行われた原作者・井上へのインタビューによると、『ＣＯＰＰＥＬＩＯＮ』連載の契機の一つとして、新潟県中越沖地震の影響で起きた柏崎《かしわざき》刈羽《かりわ》原発でのボヤ騒ぎの報道を挙げている。その報道を受け「日本は原発大国……なんだけど、地震が多い」ことへの違和感を抱いたという。

たしかに連載一年前の〇七年、地震の影響で柏崎刈羽原発の七基ある原子炉のうち三号機建屋《たてや》の外部にある変圧器から出火した。それだけでなく六号機の原子炉建屋内において鉄製クレーンの駆動部が損傷したり、低レベル放射性廃棄物の入ったドラム缶が多数倒れたりした事実も判明した。他方で井上の脳裏には「廃墟に女子高生が突っ立っている」というビジュアルイメージが浮かび、舞台をより身近な東京へ移して連載がはじまったという。

また一一年の福島原発事故直後、ネットでは『ＣＯＰＰＥＬＩＯＮ』を「三・一一予言

©サンライズ・ボンズ・バンダイビジュアル

の書」とする読者が現れた。私自身もそのようなニュアンスのツイートをした記憶がある。

日本のポップカルチャーでは、たとえば〇一年の九・一一同時多発テロが起こった際、渡辺信一郎監督の劇場版アニメ『カウボーイビバップ 天国の扉』がそのテロを予言したと取り沙汰された（大友の『ＡＫＩＲＡ』が二〇年の東京オリンピック開催を予言したというのはたまたま）。これらの事実はその時代の空気を巧みに読み込んだクリエーターの知性・感性が作品に反映されたということだろう。

それはともかく一〇年代アニメを見回すと、圧倒的な力に対する人間の無力感を表象した作品が散見する。たとえば諫山創《いさやまはじめ》のマンガ原作の『進撃の巨人』（一三、一七）、弐瓶勉《にへいつとむ》のマンガ原作の『シドニアの騎士』（一四、一五）などがそうである。これらの作品では、巨大なものに対する圧倒的な無力感を感じつつも何とか現状を打開しようとする人間の営為が描かれている。

評論家の村上裕一によると、一二年、安倍晋三が政権に返り咲き保守的な国家観を提示するなか、家族や地域社会といった社会的な想像力が存在感を失い、『進撃の巨人』のような大義や全体性といった大きなものを志向する作品が人気を博したという。

これを村上は「セカイ系決断主義」と造語した。

たしかに『シドニアの騎士』にもいえることだし、少女同士が戦う『魔法少女まどか☆マギカ』や「ＷＩＸＯＳＳ」シリーズなど絶望少女ものにも該当するだろう。その大義や全体性という文脈が『ＣＯＰＰＥＬＩＯＮ』にも伏流するかもしれない。

しかしながらゼロ年代後半からセカイ系に代わって増えた『ＤＥＡＴＨ ＮＯＴＥ』などのサヴァイヴ系、決断主義的な『コードギアス 反逆のルルーシュ』などの世界内戦系。これらのゼロ年代後半のアニメ潮流を考慮すると、サヴァイヴ系や世界内戦系の正統な後継作と捉えることも可能だ。これは一〇年代のより苛烈な生き残りを表象したという意味で、「ハードサヴァイヴ系」と呼称しておく。

太陽の塔が意味するもの

最後に、改めて原作二六巻を読み直してもっとも感銘を受けた箇所は、第二部にあたる第七巻で荊が見た白昼夢（過去の記憶）である。

コッペリオンを育てた自衛隊特別工科学校の所在地は北大阪で、すぐ近くに太陽の塔がある。日直をさぼった遥人を探している荊は、太陽の塔を見上げている彼を発見する。その際、遥人は太陽の塔の裏側にある黒い太陽を科学文明と関係させ、「科学には表の顔と裏の顔がある」と述べ、莉が「表と…裏…」と同じく塔を見上げつぶやきながら車両のなかで目覚めるシーンである。このシーンは『COPPELION』の作品テーマを、太陽の塔に象徴させて端的に表現したものだろう。

周知のように七〇年、大阪で「人類の進歩と調和」を標語として万国博覧会が開かれた。その際、丹下《たんげ》健三がデザインした万博会場の屋根を突き破って現出したのが、岡本太郎作の太陽の塔だった。

太陽の塔は多面体であり、顔が三つある。すなわち表側の顔の部分は黄金の顔、同腹部は太陽の顔、裏側の背中の部分は黒い太陽である。

これらが何を象徴するかに関しては諸説がある。私の解釈では、黄金の顔は仮面、太陽の顔は両義性、黒い太陽は受動的ニヒリズムをそれぞれシンボライズしており、三つの顔が総合して「現代人は仮面をかぶり、常に両義性を帯び、受動的ニヒリズムに陥っている」と読んでいるが、遥人はそうではなく、表の二つの顔を科学の進歩、裏の顔である黒い太陽をその負の側面と捉えたわけである。

解釈は人それぞれなので、遥人（井上）のそれも一理ある。

というのは表側の二つの顔が「人類の進歩と調和」のテーマを象徴（テーゼ）し、裏の黒い太陽はアンチテーゼと捉え、内部にあるパビリオンの生命の樹（世界樹）がジンテーゼ（総合命題）と考えることも可能だからだ。

太陽の塔内部に設けられた生命の樹は、第5章の『ソードアート・オンライン』で言及した北欧神話の世界観を象徴するユグドラシルのことである。北欧神話はこのユグドラシルが見下ろす世界で、天地創造から最終戦争（ラグナロク）まで展開するわけだが、それと同じように岡本作の生命の樹は、アメーバーから人類までの生命進化の歴史をたどっている。

整理すると、「人類の進歩と調和」としての黄金の顔と太陽の顔、その否定としての黒い太陽、それらを止揚《しよう》（総合）して生命の樹が進化の歴史をたどるという解釈も十分可能だ。

今は散逸しているが、この生命の樹にはかつて二九二体の模型が配されていた。その模型を製作したのが「ウルトラマン」シリーズで有名な円谷プロである。

コッペリオンの「探検係」の一人である円谷真奈が第九巻、つまり第三部の冒頭で登場したとき、第七巻の白昼夢からつづく伏線の張り方がじつに見事だと感銘を受けた。

未来社会は進歩と調和を約束する。だがそれとともに、黒い太陽（錬金術でいうSolniger、土星の象徴）が中空に浮かび私たちを照らし出す。カタストロフィが起こり、苦痛を味わうかもしれない。そのとき、私たち人類は進化することが可能か。そのような問いかけが『COPPELION』には伏流するように思う。

おわりに

近代的な教養主義の死と再生

はじめにで述べたように、アニメとは英語でいうインフォテインメント、すなわち情報娯楽である。そして本書では、娯楽であるアニメの情報（≠文化）の部分を、いかに教養（学問）で分析するか、そのノウハウの一端を示した。

このような教養主義復興の試みとともに、一〇年代のオタクとはどういう存在で、アニメやマンガ、ネットなどメタ視点を欠いた再帰性（後述）に私たちの新たな生を切り拓くモメント（契機）があるか否かをも、また考える必要があるだろう。少し抽象的かもしれないが、大学教育や評論の場では抽象から具体、具体から抽象というフィードバックがないと、学問的な進展はないので理解してほしい。

私たちの主体はパフォーマティヴ（Performative、行為遂行的）、つまり言語行為により絶えざる構築の過程にある。たとえばTwitterで腐女子（腐男子）であることをカミングアウトしたとすれば、それが以降のキャラ設定となるように、日々私たちの主体は変貌を遂げる。しかしアメリカの哲学者ジュディス・バトラーがいうようなパフォーマティヴ（行為遂行的）な構築物は「女」「男」「おたく」といった主体だけではない。主体が論ずる教養＝学問もまたパフォーマティヴに組み立てられたものであり、それを実践に生かすことが必要とされている。つまりフランスの哲学者ミシェル・フーコーがいう近代的主体の死、本書の文脈でいうなら近代的な教養主義＝学問（主体）の死とはすなわち、現代の社会や文化を分析する方法は一つではないことを意味するのだ。

まず社会学者の大澤真幸《まさち》の議論が参考になる。

大澤は二〇〇八年に、戦後日本を理想の時代（一九四五〜七〇）・虚構の時代（七〇〜九五）・不可能性の時代（九五〜）の三時期に区分し、現代を不可能性の時代とした。彼の議論によると、九五年に地下鉄サリン事件が起こり、虚構の時代（ここでいう虚構とは高度成長や政治的イデオロギーなど、社会全体で共有することができた大きな物語のこと）が終わりを告げる。その結果、相反する方向に分かれる二つの傾向の間で分裂し、一方では現実への回帰、他方では虚構への沈殿へと向かった（東浩紀がいう動物の時代）。前者は原理主義、後者はリベラルな多文化主義に対応している。

この二つのベクトルは大澤が名づけたとおり、まさに他者という不可能性において関連する。つまりネットやスマホを考えればわかりやすいが、私たちは他者を求めると同時に、他者を恐れる。ゆえに現実への回帰と虚構への沈殿が共存するわけである。

また大澤はオタクという現象にもこの二つの傾向が共存しているとみる。オタクは趣味縁（浅野智彦が提唱、趣味によって繋がる人間関係）によって共同性を確認する一方で、他者との関係を忌避し引きこもったりする場合もあるからだ。ただし彼はループものの終われない困難に注目しているように、そこには解放の否定を伴うと考えた。

世間内存在としてのオタク

他方、もともとSF作家の筒井康隆《やすたか》の造語で、一三年に評論家の藤田直哉が筒井の『虚構と現実』から抽出した虚構内存在という概念も、現実社会を分析する上で参考になる。

藤田によると、虚構内存在は、三つのものを指すという。
①フィクションのなかのキャラクター。
②文字に書かれたものすべて。
③虚構を必要とせざるをえない現代人の生。

このうち③の意味で再考すると、これはドイツの哲学者マルティン・ハイデガーのいう世界内存在のもじりとして考えうる。少し長くなるが論じてみよう（ハイデガー哲学には特有な用語があるが、そこはご勘弁のほどを）。

ハイデガーによると、本来的な自己は現存在としての人間である。現存在は存在（在ること）を理解している存在者であり、環境に縛られることなくもっと広い世界（意味の連関）に開かれているという。ところが現代人は、表面的な空談（お喋り）や、気晴らしのための好奇心で虚構にうつつを抜かしている。これはハイデガーにとってからすれば現存在の頽落《たいらく》である。そしてこの空談や虚構に溺れた非本来的な自己は、世界の頽落形態である世間に疎隔性（自己喪失あるいは現実感喪失）や均等性（変人を排除して他者と同じであろうと思いがちになること）の存在様態で係わっている。

こうした問題意識を前提としてハイデガーは、世界内存在という概念を導きだした（この世界内存在の「内」がよく誤解されるのだが、内側の内ではなく、世界が現存在に開かれているという意味）。では虚構を必要とせざるをえない現代人の私たちは世界内存在といえるだろうか。答えは否だろう。というのは、たとえば私たちは日々Twitterで表面的な空談に興じ、気晴らしのための好奇心で虚構に走っている。そんな私たちがハイデガーがいうような世界内存在の様態であろうはずがない（もちろん立派な方もおられようが）。したがって私たち非本来的な自己も、世界の頽落形態である世間（私流にいえばセカイや日常、もう一つ別の意味の連関）に疎隔性や均等性の存在様態で係っているといえる。これを私はハイデガーがいう世界内存在をもじって「世間内存在」と呼ぶことにする。この世間内存在が、筒井＝藤田のいう虚構内存在という読みも可能かもしれない。そしてこの世間内存在は、セカイ／日常内存在と別称していいし、本書に即していえば中二病、残念、ぼっち、ゲーム廃人などを含む存在といいかえても構わないだろう。

では、現代における私たちにとっての身近な世間とは何だろう。それは虚構、すなわちアニメやマンガ、ネットなど情報や言語によって構成された環境である。しかし

図1

不可能性の時代（95〜）

現実への回帰　原理主義
虚構への沈殿　多文化主義

虚構内存在

世間（セカイ／日常）内存在

中二病、残念、ぼっち、ゲーム廃人など
アニメやマンガ、ネットなどの環境
悦ばしき生の可能性

これは必ずしも悪いものではなく、両義的なものであろう。なぜなら、アニメをみて好きなキャラクターに萌えたり、マンガを読んで感動したり勇気づけられたり、ネットでコミュニケーションをとってさまざまな人たちと仲良くしたりすることは、悦ばしき生の可能性（エンパワメント）の開示ともいえるからだ。こうした世間内存在は反ハイデガー的ではあるものの、確実に私たちの今、あるいは今ここに在ることを写し取るはずである（**図1参考**）。

メタ視点を欠いた再帰性

藤田が③でいう意味での虚構内存在（虚構を必要とせざるをえない現代人の生）、あるいは私が造語した世間内存在（セカイ／日常内存在、あるいは中二病、残念、ぼっち、ゲーム廃人などを含む存在）を考える上で、再帰性（Reflection、Reflexivity）の議論が参考になる。英語のReflectionとは反射、反響、鏡に映った像、Reflexivityとは反射指示という意味なので、再帰性とは、鏡に映るように自分自身の言動が自分自身に影響を与えること（自己言及性）という意味である。

この再帰性の議論で核となる思想家が、イギリスの社会学者アンソニー・ギデンズだ。彼が再帰性の用語でいいたいことは、自分自身を対象化し、メタ（Meta、高次な）レベルから反省的視点に立って自己を再構成（組み立て直）していこうということである。しかしそもそも大きな物語（象徴界、たとえば共産主義など社会全体で共有できるようなイデオロギー）が終わった現代において、この反省というメタ視点が成立しうるかという問題が生ずる。

実際にゼロ年代以降の日本では、この再帰性をベースにした概念が作られた。たとえば社会学者・鈴木謙介のいうネタ的コミュニケーション（2ちゃんねるのような、コミュニケーション自体やコピペへの言及を重ねて行うコミュニケーション）やカーニヴァル化（自己目的化した感動を源泉としたお祭り騒ぎ）、社会学者・北田暁大《あきひろ》のいう繋がりの社会性（繋がりの継続そのものを自己目的化した社会性）がそうだが、彼らは反省というメタ視点を欠いた再帰性に可能性をみてとる。

対する社会学者・樫村《かしむら》愛子は、現実認識を可能にさせる機能である恒常性（Constancy）という概念で反省というメタ視点の必要性を訴える。

樫村のいう恒常性とは、幼児期の他者の全能のイメージを保存しながらも、その担保のもとで現実認識を可能にさせる機能である。私たちが生まれて六ヶ月位は前エディプス期といい、この時期の乳児は母乳を摂取しながら母と融合している。その後三歳までには分離個体化し、安定した母親のイメージを保存し、不安に立ち向かえるようになる。

これを存在論的安心という。

その際の装置が文化であるが、樫村は東浩紀の動物化を批判するように、反省というメタ視点を欠いた再帰的な文化（つまりマンガやアニメ、ネットなど）では不十分であると考えている（この点でフランスの社会学者ピエール・ブルデュー的な教養主義の伝統に沿っている）。というのも樫村は、八〇年代生まれ以降のオタク（八〇年代生まれは第三世代のオタク、オタクの世代は一〇年単位で分けるので九〇年代生まれは第四世代）は、世界への問いを孕むような大きな物語への欲望がなく、二次元美

図2

2 つの再帰性

反省というメタ視点に立った再帰性 → ギデンズ、樫村愛子など
恒常性
文化　＊絵画や映画、純文学？

反省というメタ視点を欠いた再帰性 → 鈴木謙介、北田暁大など
カーニヴァル化、繋がりの社会性
アニメやマンガ、ネットなど
自嘲しつつ誇るオタク文化

少女への性的欲求のような閉じた欲望しか抱かないからであると論じているからだ。

樫村による東のいう動物化への批判や、オタク共同体についての一面的な分析は括弧に入れる（エポケー、判断留保する）が、樫村はフランスの哲学者ベルナール・スティグレールと同じく現代社会に個体化（個体がしだいに発育して完全な個体になる過程）の衰退をみ、文化（文脈から類推するに、アニメやマンガ、ネットではなく絵画や映画、純文学のような文化）や開かれた想像力がこの個体化を再起動すると考えているようである。このような樫村の議論のベースには、現代社会が機能不全に陥っているとの診断があるのだろう。そしてその要因はつぎの四つあるという。

①専門家と大衆の乖離《かいり》。
②再帰性の格差。
③限定付きの再帰性。
④マクドナルド化。

詳しいことを語る余裕はないが、このうち③の限定付きの再帰性をどう診断するかが議論の分かれ目だろう。つまり今や主流文化となったマンガやアニメのようなポップカルチャー、あるいはネットというアーキテクチャでの繋がりやお祭り騒ぎにもう一つ別の再帰性、つまり人間的な成長を促す契機を見出すかどうかである（**図2参考**）。

ステップアップするオタク

私の考えを述べれば、樫村のいうようにマンガやアニメ、ゲームやネットにはメタレベルから反省的視点に立って自己を再構成するような機能はないかもしれない（私はもちろんあると思っている）が、それらは十分（そしてすでに）現代における再帰的文化としての役割を果たしているはずだ。マンガに出てくる登場人物をつうじて自分の人生を考えたり、アニメをみて美術に興味を抱くようになったり、オンラインゲームに興じて仲間を作ったり、ネットをつうじて政治や社会について深い議論をしたりすることは、まさに自分自身の選んだ言動が自分自身に影響を与えていることには他ならない。限定付きであろうとなかろうと、それらはもう、私たちの生の可能性を開く側面あるいは局面を持ってしまっているのである。

しかしながら現実社会でより良く生きていくためにはメタ視点を仮構することもときには必要な場合がある。これを戦略的本質主義（「社会構築主義」的な立場から「本質主義」を批判しながらも、現実社会でより良く生きていくために「本質主義」的な立場の使用もやむをえないという考え）ならぬ戦略的メタ視点と名づけておこう。

たとえば集団的自衛権、オープンガバメント、ブラック企業、貧困ビジネス、孤独死、ベーシックインカム、環境難民、低炭素社会、二〇四五年問題、青少年保護育成条例など、現代社会が抱えるさまざまな問題・課題に対峙した場合、自分自身を対象化し、メタレベルから反省的視点に立って議論せねばならない。したがってネタ的コミュニケーションやカーニヴァル化、繋がりの社会性、さらに本書で分析した中二病（第2章参考）、残念やぼっち（第3章参考）、ゲーム廃人（第4章と第5章参考）などにみられる、落伍《らくご》した自分自身を自嘲しつつ、誇るオタク文化特有のメンタリティを維持しつつ、恒常性というある意味、社会に立ち向かっていくために必要な概念を、いかに（機能不全な面もある）現実社会で生かしていくかということが真剣に議論されてしかるべきだろう。

　魔法少女（第1章参考）やアイドルをデータベースどころか、欲求充足の依り代とするような、オタクという虚構内存在（虚構を必要とせざるをえない現代人の生）あるいは私が造語した世間内存在（セカイ／日常内存在）は、今や少なからぬ現代人にとってスタンダードなライフスタイルとなった。また未来社会は決してバラ色の社会ではなく、ディストピアとなる可能性を孕んでいる（第6章と第7章参考）。それゆえもう一段階オタクはステップアップする必要があるが、それは大学の大衆化を考慮に入れた新たな教養主義の復権とも通底する。

　私はアニメを英語でいうインフォテインメント、すなわち情報娯楽として捉え、娯楽であるアニメの情報（非文化）の部分を、現代社会との関わりのなかでいかに教養（学問）で分析するかを示した。これは、私自身がポップカルチャーに骨の髄まで蝕《むしば》まれていること（中二病、残念、ぼっち、ゲーム廃人、魔法少女やアイドル好き、その他）の証であるとともに、大学の大衆化（進学率の拡大）に配慮した教養主義の再興の試みでもある。本書が後者の一助になることを願ってやまない。

※付言：四年制大学の進学率は、一九五四年が七・九％、七〇年が一七・一％、そこから漸次増加し、二〇〇九年に初の五〇％超え、一五年は五一・五％になっている。この事実に柔軟に対応することが大学教育に求められていることはいうまでもない。

あとがき

読者の皆さん、こんにちは。町口哲生と申します。ここでは、本文とはモードを変えて、ライトノベルのあとがきのような文章で書くことをお許しください。

私の専門は哲学・現代思想で、文芸評論（純文学系）をやったり、大学で教えたりしてます。

私の文芸評論のスタイルは、はじめにで述べたように、印象を語ることはなるべく慎み、教養（学問）を参照しつつ、今一度作品（≒文化）を組み立て直すことに主眼を置いてます。言いかえるとその作品に内在する可能性に着目し、その作品を生き直すことです。この「組み立て直し」→「生き直し」というコンセプトは、アメリカの比較文学者ガヤトリ・C・スピヴァクの「学び直し」（Unlearn）という概念から示唆を受けてます。アンラーンは学びほぐすことですので、私のほうは「組み立てほぐしつつ作品を生き直す」みたいな感じで理解してもらえたら嬉しいです。

　これは一貫した私の評論のアティチュード（態度）といえばいいでしょう。文学をはじめ、今回のアニメ論、音楽論その他でも基本的にこのアティチュードです。文学に関していえば、具体的な作品論をFacebookのノートの方にアップロードしてますので、「町口哲生」で検索して探してください。音楽論もそのうち掲載する予定です。お手数をおかけしますが、よろしくお願いいたします。


　さてねとらぼからはじまり、BuzzFeed Japan、Yahoo! Japan、チャイナタイムス、朝日新聞、吉本興業、ソニー・ミュージックエンタテインメント、フジテレビなどあちらこちらで話題となったのが「深夜枠を中心に週二〇本以上アニメを視聴すること」というシラバスの注意事項でした。

　これは近畿大学で担当している二年生向けの映像・芸術論1の授業時間外に必要な学修としてあげた一部にすぎず、同時に月一〇冊以上の読書、インターネットやSNS活用の習熟などを求めていたわけですが、バズ（Buzz）、つまり複数の人間が、うわさという記号を媒介として情報などを伝え合う相互作用過程において「深夜枠を中心に週二〇本以上アニメを視聴すること」というネタはキャッチーなためか口コミで拡がり、セカイ系や空気系のターム、あるいは聖地巡礼の情報のようにバイラルループ（Viral Loop、ウィルスのように拡大すること）したわけです。

でも当の本人は「これでバズやバイラルループを教えやすくなった」程度の感想しかなく、淡々と仕事や取材をこなしていたのです。

そうしたなかポプラ社から「新書を出しませんか」というお話をいただき、私も「二〇年代アニメ論」を書きたかったので本書が刊行の運びとなりました。

ベースの部分は一年生向けの映像・芸術基礎1（論ではないほう）や現代の社会論という講座で語っていたので苦はなかったものの、改めて新書にする過程で削除・追加した項目も多く、ちょっとした産みの苦しみがありました。また学術書でなく新書ですので、改行を多くしたり、難解な表現を避けるといった配慮が必要です。こちらも編集サイドの意見を参考に、文章スタイルを変えたり、論の展開上いたしかたない部分は説明を増やしたりするなど少し苦労しました。そんなとき、ある出来事から少し精神を病み、引きこもりになった九六年問題という自分にとっての生涯の苦しみを思いだし「あれに比べたら大丈夫だよね」と自問自答しつつパソコンに向かう日々が続いたのでした。

さてこのような楽しい苦行？　の機会を与えていただいた担当編集者の天野潤平氏、ありがとうございました。天野氏は童顔なので、ふだん接している大学生みたいでとてもお話ししやすかったです。

また的確なアドバイスをいただいた近畿大学関係者、清《きよし》眞人《まひと》先生、清島秀樹先生、小森健太朗先生、広報の横山創一氏にも感謝します。

とくにアニメ論の大著『神、さもなくば残念。』（作品社）を著された小森先生は、年二回ほどアニメ対談をさせていただいており、大変お世話になっています。これからもどうぞよろしくおつき合いください。

そしてカバーイラストを描いていただいた『ＣＯＰＰＥＬＩＯＮ』の井上智徳先生。私が希望した「廃墟に女子高生が突っ立っている」イメージどおり、否それ以上の図像だったので、何とお礼を申し上げてよいか、感謝の言葉もございません。先生は現在、『ヤングマガジン　サード』誌にて『ＣＡＮＤＹ　＆　ＣＩＧＡＲＥＴＴＥＳ』を連載中です。

あとは友人、在校生や卒業生、身内のサークル関係の皆さん、いつも応援ありがとうございます。日々励まされてます。

さて最後になりますが、読者の皆さんにも感謝を捧げたいと思います。最後まで読んでいただきありがとうございました。私の専門が哲学・現代思想なので込みいった議論もあったとは思いますが、巻末の参考文献を手にしてより教養を深めていただけたらと思います。私としては一〇年代アニメ論は、作品を一四作ほどピックアップしてあと最低二冊は上梓したいと思ってます。作品はたとえば『輪《まわ》るピングドラム』『PSYCHO-PASS サイコパス』『進撃の巨人』などです。

ふだんの私に関してはツイッターの方でツイートしてますので、フォローしてみて下さい（相互フォローの希望はその旨をリプライしてください）。本名の町口哲生（@tetuomachiguchi）で運営してます。※字数の関係でtetsuoはS抜きでtetuoです。

ではまたの機会にお会いしましょう。これにて失礼いたします。

二〇一七年一月一六日

主な参考・引用文献

はじめに

・フレドリック・ジェイムソン『政治的無意識』／大橋洋一・木村茂雄・太田耕人＝訳／平凡社ライブラリー／２０１０年
・廣野由美子『批判理論入門』／中公新書／２００５年
・東浩紀『ゲーム的リアリズムの誕生』／講談社現代新書／２００７年
・前島賢『セカイ系とは何か』／星海社文庫／２０１４年
・限界小説研究会＝編『社会は存在しない』／南雲堂／２００９年
・限界小説研究会＝編『サブカルチャー戦争』／南雲堂／２０１０年
・キネマ旬報映画総合研究所＝編『〝日常系アニメ〟ヒットの法則』／キネマ旬総研エンタメ叢書／２０１１年
・グレゴリー・ベイトソン『精神の生態学』／佐藤良明訳／思索社／１９９０年
・中西新太郎『シャカイ系の想像力』／岩波書店／２０１１年

第１章

・斎藤環『戦闘美少女の精神分析』／ちくま文庫／２００６年
・宇野常寛『ゼロ年代の想像力』／ハヤカワ文庫ＪＡ／２０１１年
・浅羽通明『時間ループ物語論』／洋泉社／２０１２年

主な参考文献・引用文献

・Barbara Creed, *The Monstrous-Feminine*, Routledge, 1993
・イヴ・コゾフスキー・セジウィック『クローゼットの認識論』／外岡尚美＝訳／青土社／1999年
・小森健太朗『神、さもなくば残念。』／作品社／2013年
・ゲーテ『ファウスト』／高橋義孝＝訳／新潮文庫／1967年
・香山リカ＋バンダイキャラクター研究所『87%の日本人がキャラクターを好きな理由』／学習研究社／2001年
・斎藤環『キャラクター精神分析』／ちくま文庫／2014年
・ライプニッツ『単子論』／河野与一＝訳／岩波文庫／1951年
・フランクリン・パーキンズ『知の教科書 ライプニッツ』／梅原宏司・川口典成＝訳／講談社選書メチエ／2015年
・ソール・A・クリプキ『名指しと必然性』／八木沢敬・野家啓一＝訳／産業図書／1985年
・佐藤勝彦『宇宙は無数にあるのか』／集英社新書／2013年
・エルヴィン・パノフスキー『イコノロジー研究』／浅野徹・阿天坊耀・塚田孝雄・永澤峻・福部信敏＝訳／ちくま学芸文庫／2002年
・ばるぼら『ウェブアニメーション大百科』／翔泳社／2006年
・屋根裏＝監修『世界のサブカルチャー』／翔泳社／2008年
・小森健太朗・遊井かなめ＝編『声優論』／河出書房新社／2015年
・フリードリッヒ・ニーチェ『善悪の彼岸 道徳の系譜 ニーチェ全集11』／信太正三＝訳／ちくま学芸文庫／1993年

第2章

・『MAD動画マニアックス』／アスペクト（アスペクトムック）／2008年
・『ニコ動の中の人』の中の人＝編『ニコニコ動画の中の人』／PHP研究所／2011年
・宮台真司＝監修／辻泉・岡部大介・伊藤瑞子＝編『オタク的想像力のリミット』／筑摩書房／2014年
・塞神雹夜『中二病取扱説明書』／コトブキヤ／2008年
・ヘイルナイト・クルセイダース『中二病取扱説明書コミック』／コトブキヤ／2009年
・円卓会議＝編『中二病あるある』／コアマガジン／2013年
・フロイト『フロイト著作集』第5巻／懸田克躬他＝訳／人文書院／1969年
・小谷真理『テクノゴシック』／ホーム社／2005年
・巽孝之・荻野アンナ＝編『人造美女は可能か？』／慶應義塾大学出版会／2006年
・高原英理『ゴシックハート』／講談社／2004年
・高原英理『ゴシックスピリット』／朝日新聞社／2007年
・清家竜介『ももクロ論』／有楽出版社／2013年
・安西信一『ももクロの美学』／廣済堂新書／2013年
・村田游『BABYMETAL基礎の基礎』／ビーエムラボ（Kindle版）／2015年
・『ヘドバン』Vol.1～8／シンコーミュージック（ムック）／2013～15年
・小中千昭『BABYMETAL試論』／アールズ出版／2016年
・A.ice A. Jardine, *Gynesis*, Cornell Univ Pr. 1986

・Charles Horton Cooley, *Human Nature and the Social Order*, Charles Scribner's Sons, 1902
・ジョージ・H・ミード『精神・自我・社会』／河村望＝訳／人間の科学社／1995年
・ジョーゼフ・キャンベル、ビル・モイヤーズ『神話の力』／飛田茂雄＝訳／ハヤカワ文庫NF／2010年

第3章

・さやわか『一〇年代文化論』／星海社新書／2014年
・J・D・サリンジャー『キャッチャー・イン・ザ・ライ』／村上春樹＝訳／白水社／2006年
・和田秀樹『スクールカーストの闇』／祥伝社黄金文庫／2013年
・鈴木翔『教室内《スクール》カースト』／光文社新書／2012年
・町沢静夫『学校、生徒、教師のための心の健康ひろば』／駿河台出版社／2002年
・諸富祥彦『孤独であるためのレッスン』／NHKブックス／2001年
・波戸岡景太『ラノベのなかの現代日本』／講談社現代新書／2013年
・山本七平『「空気」の研究』／文春文庫／1983年
・土井隆義『友だち地獄』／ちくま新書／2008年
・田中大祐『空気を読む力』／アスキー新書／2008年
・神足裕司『空気の読み方』／小学館101新書／2008年
・原田曜平『近頃の若者はなぜダメなのか』／光文社新書／2010年
・守屋洋『右手に「論語」左手に「韓非子」』／角川SSC新書／2008年

・常見陽平『「意識高い系」という病』／ベスト新書／２０１２年
・新城カズマ『ライトノベル「超」入門』／ソフトバンク新書／２００６年
・榎本秋『ライトノベル文学論』／ＮＴＴ出版／２００８年
・一柳廣孝・久米依子＝編『ライトノベル研究序説』／青弓社／２００９年
・山中智省『ライトノベルよ、どこへいく』／青弓社／２０１０年
・一柳廣孝・久米依子＝編『ライトノベル・スタディーズ』／青弓社／２０１３年
・大塚英志『定本 物語消費論』／角川文庫／２００１年
・大塚英志『物語の体操』／星海社新書／２０１３年
・大塚英志『キャラクター小説の作り方』／星海社新書／２０１３年
・東浩紀『ゲーム的リアリズムの誕生』／講談社現代新書／２００７年
・野沢慎司＝編・監訳『リーディングス ネットワーク論』／勁草書房／２００６年
・ダンカン・ワッツ『スモールワールド・ネットワーク』／辻竜平・友知政樹＝訳／阪急コミュニケーションズ／２００４年
・ダンカン・ワッツ『スモールワールド』／栗原聡・佐藤進也・福田健介＝訳／東京電機大学出版局／２００６年
・スティーヴン・ストロガッツ『ＳＹＮＣ《シンク》』／蔵本由紀＝監修／長尾力＝訳／ハヤカワ文庫ＮＦ、２０１４年
・マーク・ブキャナン『複雑な世界、単純な法則』／阪本芳久＝訳／草思社／２００５年
・アルバート＝ラズロ・バラバシ『新ネットワーク思考』／青木薫＝訳／ＮＨＫ出版／２００２年
・増田直紀・今野紀雄『「複雑ネットワーク」とは何か』／講談社（ブルーバックス）／２００６年

・増田直紀・今野紀雄『複雑ネットワーク』／近代科学社／2010年

第4章

・信田さよ子『依存症』／文春新書／2000年
・クライブ・ブロムホール『幼児化するヒト』／塩原通緒＝訳／河出書房新社／2005年
『柳田國男全集』第11巻／ちくま文庫／1990年
・小谷真理『ファンタジーの冒険』／ちくま新書／1998年
・トーマス・シェリング『紛争の戦略』／河野勝＝監訳／勁草書房／2008年
・J・フォン・ノイマン、O・モルゲンシュテルン『ゲームの理論と経済行動』／銀林浩・橋本和美・宮本敏雄＝監訳／ちくま学芸文庫／2009年
・アビナッシュ・ディキシット、バリー・ネイルバフ『戦略的思考とは何か』／菅野隆・嶋津祐一＝訳／阪急コミュニケーションズ／1991年
・川越敏司『はじめてのゲーム理論』／講談社（ブルーバックス）／2012年
・ウタ・フリス＝編『自閉症とアスペルガー症候群』／冨田真紀＝訳／東京書籍／1996年
・岡田尊司『アスペルガー症候群』／幻冬舎新書／2009年
・岡田尊司『インターネット・ゲーム依存症』／文春新書／2014年
・姜昌勲『あなたのまわりの「コミュ障」な人たち』／ディスカヴァー携書／2012年
・正高信男『コミュ障 動物性を失った人類』／講談社（ブルーバックス）／2015年
・河合隼雄＝編『箱庭療法入門』／誠信書房／1969年

・フランク・ブレイディー『完全なるチェス 天才ボビー・フィッシャーの生涯』／佐藤耕士＝訳／文藝春秋／２０１３年
・小島秀夫『僕が愛したＭＥＭＥ《ミーム》たち』／メディアファクトリー／２０１３年
・リチャード・ドーキンス『利己的な遺伝子〈増補新装版〉』／日高敏隆・岸由二・羽田節子・垂水雄二＝訳／紀伊國屋書店／２００６年
・スーザン・ブラックモア『ミーム・マシーンとしての私（上・下）』／垂水雄二＝訳／草思社／２０００年
・佐倉統『遺伝子ＶＳミーム』／廣済堂出版／２００１年

第5章

・芦崎治『ネトゲ廃人』／リーダーズノート／２００９年
・さやわか『僕たちのゲーム史』／星海社新書／２０１２年
・『超解読 ソードアート・オンライン』／三才ブックス（ムック）／２０１５年
・キェルケゴール『死に至る病』／斎藤信治＝訳／岩波文庫／１９５７年
・谷口幸男＝訳『エッダ 古代北欧歌謡集』／新潮社／１９７３年
・杉原梨江子『いちばんわかりやすい 北欧神話』／実業之日本社／２０１３年
・ミゲル・ニコレリス『越境する脳』／鍛原多惠子＝訳／早川書房／２０１１年
・白石拓『透明人間になる方法』／ＰＨＰサイエンス・ワールド新書／２０１２年
・ミチオ・カク『サイエンス・インポッシブル』／斉藤隆央＝訳／ＮＨＫ出版／２００８年
・『週刊ファミ通』２０１５年7月30日号／ＫＡＤＯＫＡＷＡ／エンターブレイン

・『週刊ファミ通』2015年8月6日号／KADOKAWA／エンターブレイン
・『週刊ファミ通』2015年8月13日号／KADOKAWA／エンターブレイン
・ロジャー・ペンローズ『皇帝の新しい心』／林一＝訳／みすず書房／1994年
・ロジャー・ペンローズ『心は量子で語れるか』／中村和幸＝訳／講談社（ブルーバックス）／1999年
・ロジャー・ペンローズ『ペンローズの〈量子脳〉理論』／竹内薫・茂木健一郎＝訳／ちくま学芸文庫／2006年
・ロン・アドナー『ワイドレンズ』／清水勝彦＝監訳／東洋経済新報社／2013年
・エドワード・W・サイード『オリエンタリズム（上・下）』／今沢紀子＝訳／平凡社ライブラリー／1993年
・エドワード・W・サイード『文化と帝国主義1・2』／大橋洋一＝訳／みすず書房／1998・2001年
・David Morley and Kevin Robins, *Spaces of Identity*, Routledge, 1995
・David S. Roh, Betsy Huang and Greta A. Niu ed., *Techno-Orientalism*, Rutgers Univ Pr, 2015
※ゲームに関しては各々攻略本等も参考にした。

第6章

・コリン・ウィルソン『超能力者』／中村保男＝訳／河出文庫／1992年
・天外伺朗『「超能力」と「気」の謎に挑む』／講談社（ブルーバックス）／1993年
・レイ・カーツワイル『スピリチュアル・マシーン』／田中三彦・田中茂彦＝訳／翔泳社／2001年
・レイ・カーツワイル『ポスト・ヒューマン誕生』／井上健＝監訳／NHK出版／2007年

・レイ・カーツワイル＋徳田英幸『レイ・カーツワイル 加速するテクノロジー』／NHK出版／2007年
・松田卓也『2045年問題』／廣済堂新書／2012年
・戸来優次『クローン人間誕生以後』／徳間書店／2002年
・粥川準二『クローン人間』／光文社新書／2003年
・響堂新『クローン人間』／新潮選書／2003年
・加藤尚武『脳死・クローン・遺伝子治療』／PHP新書／1999年
・アントニオ・ネグリ、マイケル・ハート『〈帝国〉』／水嶋一憲・酒井隆史・浜邦彦・吉田俊実＝訳／以文社／2003年
・望月洋介『スマートシティ・ビジネス入門』／日経BPコンサルティング／2012年
・日本建築学会＝編『スマートシティ時代のサステナブル都市・建築デザイン』／彰国社／2014年
・山村真司『スマートシティはどうつくる？』／工作舎／2015年
・ウィリアム・ボガード『監視ゲーム』／田畑暁生＝訳／アスペクト／1998年
・マイク・デイヴィス『要塞都市LA 増補新版』／村山敏勝・日比野啓＝訳／青土社／2008年
・エドワード・J・ブレークリー、メーリー・ゲイル・スナイダー『ゲーテッド・コミュニティ』／竹井隆人＝訳／集文社／2004年
・デイヴィッド・ライアン『監視社会』／河村一郎＝訳／青土社／2002年
・デイヴィッド・ライアン『9・11以後の監視』／田島泰彦＝監修／清水知子＝訳／明石書店／2004年
※ES細胞とiPS細胞に関する著書は多数あるが、とくに参考にしていない。

第7章

・Clara＝編『バレエ名作物語1』／新書館／2000年
・マイケル・J・サンデル『完全な人間を目指さなくてもよい理由』／林芳紀・伊吹友秀＝訳／ナカニシヤ出版／2010年
・ジグムント・バウマン『コラテラル・ダメージ』／伊藤茂＝訳／青土社／2011年
・ジョルジョ・アガンベン『ホモ・サケル』／高桑和巳＝訳／以文社／2007年
・ジョルジョ・アガンベン『例外状態』／上村忠男・中村勝己＝訳／未来社／2007年
・ウルリヒ・ベック『危険社会』／東廉・伊藤美登里＝訳／法政大学出版局／1998年
・ウルリッヒ・ベック『世界リスク社会論』／島村賢一＝訳／ちくま学芸文庫／2010年
・ウルリッヒ・ベック『世界リスク社会』／山本啓＝訳／法政大学出版局／2014年
・ウルリッヒ・ベック、鈴木宗徳、伊藤美登里＝編『リスク化する日本社会』／岩波書店／2011年
・『クイック・ジャパン』Vol.96／太田出版／2011年
・村上裕一『ネトウヨ化する日本』／角川EPUB選書／2014年
・石井匠『謎解き 太陽の塔』／幻冬舎新書／2010年

おわりに

・原宏之『世直し教養論』／ちくま新書／2010年
・清水真木『これが「教養」だ』／新潮新書／2010年
・仲正昌樹『教養主義復権論』／明月堂書店／2009年

・仲正昌樹『集中講義！日本の現代思想』／ＮＨＫブックス／２００６年
・竹内洋『教養主義の没落』／中公新書／２００３年
・斎藤兆史『教養の力』／集英社新書／２０１３年
・唐木順三『現代史への試み』／筑摩書房／１９７３年
・ディルタイ『体験と創作』／柴田治三郎＝訳／岩波文庫／１９６１年
・ジュディス・バトラー『ジェンダー・トラブル』／竹村和子＝訳／青土社／１９９９年
・大澤真幸『不可能性の時代』／岩波新書／２００８年
・大澤真幸『増補 虚構の時代の果て』／ちくま学芸文庫／２００９年
・大澤真幸『夢よりも深い覚醒へ』／岩波新書／２０１２年
・浅野智彦『趣味縁からはじまる社会参加』／岩波書店／２０１１年
・ロバート・Ｄ・パットナム『哲学する民主主義』／河田潤一＝訳／ＮＴＴ出版／２００１年
・ロバート・Ｄ・パットナム『孤独なボウリング』／柴内康文＝訳／柏書房／２００６年
・藤田直哉『虚構内存在』／作品社／２０１３年
・マルティン・ハイデッガー『存在と時間』／細谷貞雄＝訳／ちくま学芸文庫／１９９４年
・ウルリッヒ・ベック、スコット・ラッシュ、アンソニー・ギデンズ『再帰的近代化』／松尾精文・小幡正敏・叶堂隆三＝訳／而立書房／１９９７年
・鈴木謙介『暴走するインターネット』／イースト・プレス／２００２年
・鈴木謙介『カーニヴァル化する社会』／講談社現代新書／２００５年
・ジークムント・バウマン『リキッド・モダニティ』／森田典正＝訳／大月書店／２００１年

・北田暁大『嗤う日本の「ナショナリズム」』／ＮＨＫブックス／２００５年
・樫村愛子『ネオリベラリズムの精神分析』／光文社新書／２００７年
・東浩紀『動物化するポストモダン』／講談社現代新書／２００１年
・ピエール・ブルデュー＝監修『メディア批判』／櫻本陽一＝訳／藤原書店／２０００年
・ベルナール・スティグレール『象徴の貧困１』／ガブリエル・メランベルジェ＋メランベルジェ眞紀＝訳／新評論／２００６年

※大学の進学率は文部科学省におけるデータを参考にした。

全体

・『月刊ニュータイプ』２０１１年１月号～２０１６年10月号／角川書店

各作品のデータ、ガイドブック、ビジュアルブック、ファンブック、パンフレットなども適宜参照した。発言・インタビュー等はこれらから引用した。

P142―伊藤智彦監督『ソードアート・オンライン』
販売元:アニプレックス/第1巻 Blu-ray〈完全生産限定版〉/6,800円+税

P171―長井龍雪監督『とある科学の超電磁砲S』
発売元:ワーナー ブラザース ジャパン/第1巻 Blu-ray/7,800円+税

P184―鎌池和馬『ヘヴィーオブジェクト』
アスキー・メディアワークス(電撃文庫)/2009年
P191―鎌池和馬原作・山路新作画『とある魔術の禁書目録外伝 とある科学の一方通行』第1巻
アスキー・メディアワークス/2014年
P194―鈴木信吾監督『COPPELION』
販売元:キングレコード/第1巻 Blu-ray/6,000円+税

P209―渡辺信一郎監督『カウボーイビバップ』キービジュアル

※本書に掲載されている書籍・Blu-ray等の情報は本書発売日現在のものです。予告なしに変更される可能性がありますので、あらかじめご了承ください。

本書で取り扱った
ジャケット写真・キービジュアル・表紙画像クレジット一覧

P31—新房昭之監督『魔法少女まどか☆マギカ』
販売元：アニプレックス／ Blu-ray Disc BOX ／25,000円＋税
©Magica Quartet/Aniplex・Madoka Partners・MBS

P38—新房昭之監督『The SoulTaker ～魂狩～』キービジュアル
©タツノコプロ／ The SoulTaker 製作委員会・WOWOW

P58—新房昭之総監督・宮本幸裕監督『劇場版 魔法少女まどか☆マギカ（前後編）』
販売元：アニプレックス／ Blu-ray Disc〈完全生産限定版〉／11,000円＋税
©Magica Quartet/Aniplex・Madoka Movie Project

P61—佐藤卓哉監督「selector infected WIXOSS」
販売元：ワーナー・ブラザース・ホームエンターテイメント／BD-BOX〈初回仕様版〉／15,000円＋税
©LRIG/Project Selector

P94—斎藤久監督『僕は友達が少ない』
販売元：メディアファクトリー／第１巻 Blu-ray ／ 7,000円＋税
©2011 平坂読・メディアファクトリー／製作委員会は友達が少ない

P96—吉村愛監督『やはり俺の青春ラブコメはまちがっている。』
発売元：株式会社マーベラス／販売元：NBCユニバーサル・エンターテイメント
第１巻 Blu-ray ／4,500円＋税
© 渡 航、小学館／やはりこの製作委員会はまちがっている。続
イラスト：ぽんかん⑧

P113—長月達平『Re:ゼロから始める異世界生活』第１巻
KADOKAWA メディアファクトリー（MF文庫 J）／ 2014年

P121—いしづかあつこ監督『ノーゲーム・ノーライフ』
販売元：KADOKAWA メディアファクトリー／第１巻 Blu-ray ／7,000円＋税
©2014 榎宮祐・株式会社KADOKAWA メディアファクトリー刊／ノーゲーム・ノーライフ全権代理委員会

町口哲生
まちぐち・てつお
文芸評論家。専門は哲学・現代思想。近畿大学では映像・芸術基礎、映像・芸術論、現代の社会論を教えている。著書に『帝国の形而上学——三木清の歴史哲学』(作品社)。共著に『知識人の宗教観』(三一書房)、『現代文化スタディーズ』(晃洋書房)、『現代文化テクスチュア』(晃洋書房)、『声優論』(河出書房新社)など。翻訳書にヴァネッサ・ベアード『性的マイノリティの基礎知識』(作品社)、ジャウディン・サルダー他『INTRODUCING メディア・スタディーズ』(共訳、作品社)。他、論文・書評など多数。愛犬家で、バセンジーと暮らしている。
Twitter:@tetuomachiguchi

ポプラ新書
117
教養としての10年代アニメ
2017年2月8日 第1刷発行
2017年2月25日 第2刷

著者
町口哲生

発行者
長谷川 均

編集
天野潤平

発行所
株式会社 ポプラ社
〒160-8565 東京都新宿区大京町22-1
電話 03-3357-2212(営業) 03-3357-2305(編集)
振替 00140-3-149271
一般書出版局ホームページ http://www.webasta.jp/

ブックデザイン
鈴木成一デザイン室

印刷・製本
図書印刷株式会社

N.D.C.778/250P/18cm ISBN978-4-591-15338-3

母という病

岡田 尊司

昨今、母親との関係に苦しんでいる人が増えている。母親との関係は、単に母親一人との関係に終わらない。他のすべての対人関係や恋愛、子育て、うつや依存症などの精神的な問題の要因となる。「母という病」を知って、それに向き合い、克服することが、不幸の根を断ち切り、実り多い人生を手に入れる近道である。

名作裁判　あの犯人をどう裁く？

森 炎

『罪と罰』『容疑者Xの献身』『羊たちの沈黙』など、犯罪をテーマにした名作は多い。もし、そこに登場する犯罪者たちが実際に逮捕されたとして、どのように裁かれ、どのような判決を受けるか、あなたはご存知だろうか。本書では、誰もが名前くらいは聞いたことのある名作を題材に、元裁判官が実際に犯人に判決を下していく。極上の裁判入門、ここに誕生！

秩序なき時代の知性

佐藤 優

佐藤優が今もっとも注目するさまざまな分野のプロフェッショナルたち。古い常識や思想を超え今の時代を摑むには、新しい知性が必要。権力になびかず時代を嘆くこともない、最先端の柔軟な思考は、先の見えない時代を生きるうえでの力強い助けになるはずだ。

ポプラ新書　好評既刊

コンピュータは私たちをどう進化させるのか

必要な情報技術がわかる8つの授業

橋本昌嗣

IoT、ビッグデータ、クラウドサービス、ディープラーニングってなんだ？　という人は、まずは8つの授業で基礎を学ぶことから！　ITが苦手な人も面白くわかりやすく読める入門書の決定版。情報技術の土台を理解することで、話題のキーワードがスラスラ説明できるようになる1冊。

生きるとは共に未来を語ること　共に希望を語ること

昭和二十二年、ポプラ社は、戦後の荒廃した東京の焼け跡を目のあたりにし、次の世代の日本を創るべき子どもたちが、ポプラ（白楊）の樹のように、まっすぐにすくすくと成長することを願って、児童図書専門出版社として創業いたしました。

創業以来、すでに六十六年の歳月が経ち、何人たりとも予測できない不透明な世界が出現してしまいました。

この未曾有の混迷と閉塞感におおいつくされた日本の現状を鑑みるにつけ、私どもは出版人としていかなる国家像、いかなる日本人像、そしてグローバル化しボーダレス化した世界的状況の裡で、いかなる人類像を創造しなければならないかという、大命題に応えるべく、強靭な志をもち、共に未来を語り共に希望を語りあえる状況を創ることこそ、私どもに課せられた最大の使命だと考えます。

ポプラ社は創業の原点にもどり、人々がすこやかにすくすくと、生きる喜びを感じられる世界を実現させることに希いと祈りをこめて、ここにポプラ新書を創刊するものです。

未来への挑戦！

平成二十五年　九月吉日　　株式会社ポプラ社